Le LIVRE de POCHE

JEUNESSE

Joseph Joffo

Joseph Joffo est né en 1931 à Paris, dans le XVIIe arrondissement où son père tenait un salon de coiffure. Comme son frère Henri, le « roi du ciseau », il deviendra coiffeur après avoir obtenu son certificat d'études. Il écrit ses souvenirs d'enfant pendant la guerre alors qu'il est immobilisé en 1971 par un accident de ski. Ses notes deviennent rapidement *Un sac de billes,* best-seller mondial. *Baby-foot,* paru six ans plus tard, se présente comme la suite des aventures du petit Jo.

BABY-FOOT

JOSEPH JOFFO

BABY-FOOT

Illustrations : Avoine

HACHETTE
Jeunesse

Je remercie tous ceux qui m'ont permis d'écrire ce livre. Mon frère Henri d'abord, mon ami Louis Nucera, mon éditeur et toute son équipe qui ne m'ont pas épargné leur temps, leurs conseils, leur amitié. L'écrivain Claude Klotz, enfin, qui a relu si attentivement mon manuscrit.

1

« Non, non et non. Le salon, ça me débecte. »

Et vlan !

J'ai claqué la porte sur un Henri furieux. Non, mais ça va pas ! Coiffeur, moi ?

Et puis quoi encore ? Je serai cow-boy, boxeur, businessman, gangster, n'importe quoi mais pas coiffeur, pas un petit mec médiocre qui coupe des tifs à longueur de journée. Quant à son certificat d'études, alors là, je rigole doucement. Et s'il y a une chose dont je suis bien sûr, c'est que c'est pas moi qui vais le passer. Je laisse ça aux minables. En 1945, il faut vivre avec son temps.

J'ai rendez-vous avec Franck, rue du Ruisseau, et je descends les escaliers le derrière sur la rampe.

Il est avec Mayer, ça a l'air de chauffer.

« Salut, les mecs.

— Salut, Jo. »

Ils reprennent leur conversation aussi sec. Pas la peine de les écouter des heures. Je sais de quoi ils parlent. On ne parle plus que de cela.

Mayer plisse les yeux et regarde Franck d'un tel air que le gars doit se sentir devenir débile.

« Combien tu dis qu'y en avait ? »

Franck avale sa salive. Je sens qu'il calcule à toute vitesse, multiplie par deux à tout hasard, enlève dix par remords et finit par rajouter cinq pour faire bonne mesure.

« Peut-être soixante », dit-il.

Silence. Mayer émet un ricanement silencieux et shoote dans l'eau du caniveau, soulevant une gerbe qui éclabousse mes souliers.

« Et toi, Jo, combien tu dis ? »

Je reste méfiant ; on a rarement raison avec Mayer, mais il faut que je le coince parce qu'il a tendance à jouer les gros bras et à vouloir devenir le petit futé de Clignancourt.

« Vas-y, Mayer, on t'écoute d'abord. »

Il nous regarde, s'arrête, se gratte les cuisses en passant les doigts par les poches trouées de son short trop long et lance avec une note de triomphe contenue :

« Quatre-vingt-dix. »

Franck siffle avec admiration.

« Tu retardes, dis-je, il paraît qu'il y en a d'autres dans des placards. »

Mayer s'entortille dans son cache-nez de laine frisée.

« D'où que tu sais ça, toi, gros malin? »

Je n'ai jamais eu à trop me forcer pour inventer, ça me vient tout seul en général, je n'ai qu'à me laisser parler.

« C'est un copain à mon frangin qui est journaliste à *Franc-Tireur,* alors tu penses qu'il est au courant. »

Il la boucle, Mayer. Franck est ravi.

« Formidable, dit-il, mais moi, ce que je me demande, c'est comment il s'y prenait avec les costauds.

— Piqûres, dit Mayer qui essaie de reprendre le dessus. Il avait comme un fusil à seringue par le trou de la porte, et... vzzy, la fléchette dans le cul. Alors le mec s'endormait et après il pouvait lui prendre son fric, ses papiers et le découper en morceaux pour le faire cuire bien peinard.

— T'as vu ça dans un film américain, dis-je ; c'est dingue, ton histoire de piqûres. Il paraît que…

— Un marteau, hurle Franck, ils ont retrouvé un marteau ! Le type, il entrait avec les valises, les lingots, toutes les richesses, et lui, derrière la porte, vlan, sur le crâne… »

La rue du Ruisseau descend toujours. Si elle s'appelle comme ça, c'est qu'il a dû y avoir un ruisseau autrefois. Il devait descendre de Montmartre, dévaler la butte côté nord jusqu'aux confins du XVIIIe. Enfin, c'est de cette façon que je m'explique le nom de la rue.

« Et peut-être, poursuit Franck, peut-être c'est trois cents qu'il en a tué, peut-être plus… »

Je m'étonne de l'intérêt que nous prenons à l'affaire Petiot. Je ne les écoute plus…

1945. Mon père est mort dans l'un des camps sur lesquels les journaux et les magazines ne cessent de nous donner de nouveaux détails. Les chiffres dépassent nos entendements, on parle de quatre, cinq, six millions de personnes, et cela ne veut plus rien dire, peut-être que quatre-vingt-dix est un chiffre plus à notre mesure, et puis l'assassin est là : presque beau garçon avec son nœud papillon, son front à la Beethoven, et c'est presque rassurant d'avoir enfin un coupable, car pour l'autre, pour ce grand crime de quatre ans, on semble bien en peine de savoir qui sont les meurtriers. Ceux qui ordonnent? Ceux qui obéissent? Et puis, celui-là, on le tient. Ce n'est pas comme certains autres.

« On se fait un osselet? »

Un fou des osselets, Franck, et un virtuose, on peut le prendre comme on veut : au point, à la tête de mort, à la tour Eiffel ou à la retournette, c'est le caïd. Il est devenu tellement fort que personne ne joue plus avec lui, il en est réduit à s'entraîner tout seul, comme les joueurs professionnels des westerns font des réussites. Si vous passez dans le bas de la rue Marcadet après quatre heures et demie, il y a de fortes chances que vous voyiez le môme Franck agiter ses osselets. S'il n'y est pas, c'est qu'il est au square avec la bande ou au salon avec moi, à balayer des monceaux de tifs en fin de journée pour s'arrondir la fin de semaine. Une vraie corvée pour débile.

Franck, c'est mon copain, depuis toujours. Il paraît que ça date d'avant la guerre, c'est dire qu'on s'est connus pas vieux. Déjà, quand on était dans nos poussettes, on se marrait bien, paraît-il. Nos mères nous baladaient en bordure des fortifications et on s'envoyait des taloches terribles; par la suite, on a usé pas mal de fonds de culottes dans les terrains vagues, près de la ligne de chemin de fer qui passe en contrebas. C'est marrant, parce que Franck, je ne peux même pas le décrire, je le connais trop : dire qu'il a les yeux un peu pâles, le menton pointu et une dent ébréchée sur le devant, ça ne m'avance pas. Franck, c'est Franck : un point, c'est tout.

J'ai un autre copain aussi, c'est Jeannot. Et Jeannot c'est aussi le copain de Franck. Je précise parce que c'est pas toujours vrai que le copain d'un copain soit votre copain, mais nous trois c'est spécial. On s'entend bien. Jeannot, c'est un manouche. Un vrai, avec du sang de l'autre bout de la terre; je n'écris pas son nom, il y a trop de *z* et de *y* dedans, je me trompe toujours. Un nom à consonnes comme les Polonais.

Jeannot travaille. Il n'est pas à l'école avec nous. Il voudrait bien. Ça, c'est mal foutu. Nous qui sommes dedans, on voudrait sortir, et lui qui est dehors, il voudrait entrer.

Je ne le décris pas non plus, car ce n'est pas nécessaire, vous le reconnaîtrez sans peine : c'est le plus noiraud du quartier. Avec des yeux immenses qui lui mangent la figure.

« Une pipe, les mecs? »

C'est Mayer qui roule – pas des cigarettes, des épaules. Il traficote aussi avec les Américains et il a dû s'étouffer une cartouche de Camel au cours d'une livraison.

Franck bondit. Celui-là, si vous lui montrez une cibiche à dix kilomètres, il est déjà parti à fond de train. Comme un sprinter qui aurait aussi de l'endurance.

On s'est arrêtés et Mayer allume sa cigarette avec un Zippo. Ça, c'est un trésor aussi ; si c'est pas de la fauche, ça a dû lui coûter, je connais les prix.

« Et toi, Jo ? »

Je prends une Camel de la main gauche et plonge la droite dans la poche de ma culotte.

« Tu préfères pas les Lucky ? »

Mayer tique sur le pacson. Il en prend une et se la met derrière l'oreille, juste à l'endroit où mon plus grand frangin met son crayon quand il fait les comptes du magasin.

« Toi aussi, t'es dans le *tobacco* ? »

Il me fait marrer, Mayer, quand il essaie de prendre l'accent américain.

« Pas tellement, dis-je, je travaillerais plutôt dans le chewing-gum. »

J'aspire la fumée blonde et sucrée et je ferme les yeux. Il y a quelques mois à peine, j'achetais des cigarettes pour asthmatiques chez le pharmacien ou, à court d'argent, je me roulais des feuilles sèches dans du papier journal. Aujourd'hui, j'inhale du pur Virginie, et cela signifie une chose : la guerre est finie.

La guerre est finie et le monde commence.

De ce monde, je veux avoir ma part, et, tant qu'à faire, pas une petite. Je veux un gros morceau, un énorme. Comme sur les écrans... les types qu'ont des palaces, des Pontiac climatisées et des téléphones blancs avec une pépée dans chaque pièce en pyjama lamé... Et ce que je sais, c'est que c'est pas en restant au salon de coiffure que j'arriverai à ça, c'est pas non plus en passant leur certif et en apprenant où est la source de la Loire, le mont Gerbier-de-Jonc et Marignan 1515 que je vais devenir un monsieur à cigare et compte en banque. Les Américains, ils nous ont apporté de sacrées envies, et juste celle dont j'avais besoin à l'aube de mes quatorze ans : voir grand !

Pour le moment, je laisse dire. Quand la conversation à la maison s'engage sur l'avenir et qu'il semble acquis une fois pour toutes que je serai un gentil petit coiffeur qui rangera bien sa tondeuse tous les soirs et la ressortira le lendemain matin, j'ai les oreilles qui rougissent. J'ai pas encore éclaté. Et puis je ne peux pas encore dire à maman que mon but c'est la Californie, Las Vegas, les casinos et tout le grand cirque. Elle penserait que j'ai des rêves de cinglé.

C'est vrai d'ailleurs que j'ai des rêves de cinglé, mais tous les types qui tiennent les rênes, l'argent et le pouvoir le sont tous, alors qu'on vienne pas me casser les pieds avec les lotions antipelliculaires et la réduction des fractions.

Évidemment, mon frangin Henri n'est pas d'accord. Lui, c'est vraiment le roi du ciseau. Il ne connaît que ça et on dirait qu'il a un seul but dans l'existence : que je passe mon certif d'abord et que je sache bien dégager la nuque des clients sans faire d'échelles.

Il a la hantise des échelles. Il a dû passer sous une étant petit. Cinquante fois par jour, il me rabâche la même chose : avec le certif et un métier, tu es sauvé.

Mais je ne veux pas être sauvé, moi ; ça ne me suffit pas d'être sauvé : je veux voir New York, la Californie, avec des dollars dans toutes mes poches...

Bref, c'est mon grand frère, mais on peut bien dire qu'on n'a pas les mêmes rêves. Maman, elle est d'accord avec lui, forcément, elle est plus proche par l'âge, et puis elle tient la caisse du salon également, alors elle est « plus près des réalités », comme elle dit.

Enfin, c'est le conflit des générations, quoi ! Faut être jeune, faut voir grand, c'est quand même fini, l'Occupation, faut voir large à présent ! J'ai assez trimé simplement pour survivre, pour échapper à la Gestapo. Et ça a duré !...

2

C'est une époque en noir et blanc.

Les rues sont presque vides. Les visages des copains, le square, le magasin, l'école, tout ce qui compose mon univers, il ne s'en détache pas une seule couleur, tout apparaît comme dans un vieux film.

Elles sont en effet bien rares, les couleurs. Mon tablier est d'un noir d'écolier, mon soi-disant costume du dimanche d'un gris ferreux, ma blouse, au salon, toujours blanche, et les rues de la capitale sont sans éclat, un Paris qui s'est éteint pendant quatre ans et qui ne semble pas arriver à reprendre des forces, comme un malade qui a gardé la chambre trop longtemps : le Gay Paris, c'est Paris-Livide.

Et puis il fait froid partout; ça aussi, c'est une autre caractéristique de l'époque. Avec les troupes américaines, la liberté est entrée, mais le charbon n'a pas suivi : une température identique règne cet hiver dedans comme dehors. Je lis mes illustrés sur mon lit dans une chambre glacée, des fleurs de givre aux fenêtres, vêtu d'un pardessus noir lourd comme une cuirasse et dont les manches s'arrêtent au milieu de mes avant-bras.

C'est vrai que j'ai grandi : quatorze ans, le petit Jo! et déjà ma mère est obligée, mi-stupéfaite, mi-ravie, de se hausser sur la pointe des pieds pour m'embrasser chaque matin.

J'ai pris de la carrure aussi et la bande de la rue Ordener en sait quelque chose, j'ai un crochet du gauche équivalent à celui de Joe Louis, dont on parle beaucoup dans les hebdos sportifs. L'Amérique est là, elle nous est rentrée dans la peau avec ses tanks et le cinéma. Quand je peux, avec Franck, Marcel, Jeannot et les autres, on fonce au ciné, sur le Rochechouart, avenue de Clichy; dans tout le quartier, c'est plein de kinos avec des rideaux qui se soulèvent. Au Royal-Clignancourt on passe en douce, parce que je connais la caissière ; Henri la coiffe gratis après la fermeture, c'est grâce à elle que je vois mes policiers, ceux d'Humphrey Bogart – j'aimerais tant lui ressembler ! Malheureusement, j'ai les yeux bleus et j'ai pas de rides autour de la bouche. J'ai beau m'exercer à prendre l'air sévère et dur, à passer mon pouce sur les lèvres, ça ne marche pas. Et puis je ne suis pas équipé du point de vue armement. J'ai un vieux Solido qui a perdu sa gâchette. Ça fait un peu juste pour lutter contre les mitraillettes.

Je suis un acharné du ciné, Franck aussi et Jeannot le gitan encore pire. On sort des Folies-Belleville pour plonger à la Gaieté-Rochechouart. Il y a des films d'actualités sur la guerre qui tarde à finir. Ça s'appelle *Pourquoi nous combattons*. J'ai vu toute la série. Et puis, ce matin, Franck est entré en trombe dans le magasin et m'apprend la nouvelle : « Y a un Charlot au Gaumont-Palace ! »

On y court l'après-midi même ; c'est *La Ruée vers l'or*.

Le premier Charlot depuis 1939 ! Des kilomètres de queue sur les trottoirs, comme si le petit homme à moustache, à badine et à chapeau melon personnifiait à lui seul la joie de vivre que nous avons perdue. On joue des coudes et on s'installe, tout en haut des balcons, le dernier rang, et la salle immense en contrebas, comme un pont de navire dans la lumière rouge. Les rideaux sont remontés et, tout d'un coup, tout nous est redonné : l'espace, le rire, les larmes.

Tout là-bas sur l'écran, le clown qui s'agite abolit nos peines. Franck hurle de rire et je sens de plus en plus qu'un nouveau monde commence, comme celui que, sur l'écran, Charlot s'efforce de découvrir. Un monde dur, sans doute, à nous d'être assez costauds pour s'y adapter et le dresser.

Nous aussi, nous allons nous ruer sur quelque chose. Ce ne sera pas l'or, mais la vie. Tout va à présent être plus rapide, plus vivace, plus âpre peut-être. Je suis en tout cas bien décidé à y participer. Et si l'or est nécessaire, je vais tenter d'en gagner.

« C'est con que Jeannot ne soit pas venu », regrette Franck.

J'y ai pensé aussi, ça lui aurait plu. Il aime énormément rire, Jeannot, et pour lui les occasions sont rares. C'est pas la fortune chez lui : la famille est grande, la moitié se trouve là-bas, aux Saintes-Maries, dans le sud, dans des roulottes, et puis aussi du côté de Marseille. Pendant la guerre, la Gestapo leur a fait une sacrée courette, aux gitans. On n'en parle pas assez, de leur tragédie.

« Oui, c'est con, mais il aurait pas eu le fric pour se payer la place ; et toi, tu l'avais ?

— Non.

— Moi non plus. »

Ça m'embête quand même qu'il ait pas vu Charlot, Jeannot.

« Écoute, dis-je, si tu veux, on lui dira qu'on a pas pu rentrer, qu'il y avait pas de place. »

Franck hoche la tête.

« Ouais, t'as raison, c'est mieux.

— On peut même lui dire qu'on s'est fait chier, qu'on a même fini par faire nos devoirs tellement c'était le sombre dimanche. »

Franck est d'accord.

On est des potes de toujours, tous les trois. Je m'entends mieux avec eux deux qu'avec ma famille. On est connu par tous les concierges et les gardiens de square du quartier. On est les Trois Mousquetaires.

Il fait un froid de loup au-dessus du pont qui enjambe le cimetière de Montmartre. Des hommes engoncés dans leur canadienne proposent aux soldats qui descendent des hauteurs des cartes postales et des montres-bracelets. Franck souffle dans ses doigts.

Il est temps de rentrer, la nuit tombe vite et je n'ai pas encore fini tous mes devoirs. Je ne

déteste pas l'école – si je réfléchis bien, beaucoup de choses m'intéressent – mais il y a dans cet enseignement que je reçois quelque chose de puéril, d'enfantin, de rabâcheur, d'inutile. La vraie vie, c'est pas ça. Elle est dans la rue, dans les cafés, à Montmartre, à San Francisco, elle est partout où ça bouge, où il y a du vent et du soleil.

La main de Franck, rose de froid, se pose sur ma manche. Il désigne un petit bistrot au coin de la rue Ramet.

« On en fait un petit ? »

Je sais bien ce qu'il veut dire. Nous avons quitté l'époque des rondes, des trottinettes et des balles. Nous avons pénétré dans le temps du baby-foot.

3

Cette fois, j'y suis avec Jeannot, au baby-foot. Et appliqué comme à l'école je ne le serai jamais...

Les trois avants rouges oscillent doucement.

Si j'arrive à passer latéralement la balle de l'ailier à l'avant centre, j'ai une chance de le feinter parce qu'il laisse toujours un trou entre l'arrière et le goal. Faut pas que je loupe mon coup, un bolide au ras de la barre et ça peut faire cinq à trois...

Jeannot se penche, son œil sombre au niveau des tiges de fer qui empalent les footballeurs de bois. Ils ont de gros sourcils noirs et une bouche ronde peinte au pinceau. C'est drôle, tous ces types qui se ressemblent. Une équipe de onze frères jumeaux.

« Alors, vas-y, shoote. »

Il me défie, mais je le fais attendre pour lui user les nerfs ; c'est de la tactique, un lent travail de sape, jusqu'à ce qu'il commette une faute.

Tchac.

But.

Impassible, Jeannot s'envoie un grand coup de diabolo menthe et relance une nouvelle balle d'un geste de seigneur.

« Jo, y a Franck qui t'appelle, il dit que c'est pressé. »

Zut, juste au moment où la chance tourne, juste comme je peux entrevoir la victoire, c'est toujours comme ça. C'est un bon copain, Franck, c'est mon lieutenant en quelque sorte et serviable comme tout, mais il a l'art d'arriver juste quand il devrait sortir.

« Je viens. »

Jeannot se relève.

« Vas-y, je t'attends pour la suite. »

Évidemment, ça l'arrange. Il a le temps de se ressaisir. Un gros malin, le tsigane, il n'aime pas perdre. J'espère que ça lui servira dans la vie.

C'est un bon bistrot ici, toujours du monde et toujours de la joie. Depuis quelques mois, des clients nouveaux s'installent sur les banquettes de moleskine. Ils sont très maigres encore et leur cou flotte dans leur col de chemise trop lâche. Leurs yeux suivent par les fenêtres le dessin des nuages au-dessus des toits avec un étonnement permanent. Ceux-là sont revenus. Ils ont retrouvé le café d'autrefois. Je les connais presque tous. Ils viennent au salon, parlent avec mes frères et eux seuls savent ce qu'ils ont vécu ces dernières années. Parmi eux, Moshé m'a pris en affection. Il m'a montré sa carte et j'ai pu voir sa date de naissance : 6 octobre 1914. Il a trente et un ans. Pourtant, dans le métro, les gens se lèvent pour lui céder leur place. Ses mains parcheminées tremblent toujours, c'est un vieillard. Il a perdu tous ses cheveux en quelques jours, lorsqu'il est entré à l'infirmerie du camp dont il n'avait jamais vu personne revenir. Il est vivant cependant, mais il a tout perdu, sa famille a disparu et il vend sur le marché du fil et des boutons le long du talus de mâchefer qui était le boulevard. Lorsqu'il s'est fait un peu d'argent, il vient ici boire un café et regarde les nuages passer sur Paris. Il sourit en ce moment et peut-être n'y aura-t-il jamais sur terre un homme au sourire aussi irréel que celui de Moshé. Ça me bouleverse et je pense à mon père…

Franck est dehors et souffle dans ses doigts.

« T'en as mis du temps! Grouille-toi, j'ai un Amerlo. »

Je le regarde, il a l'air tout excité.

« Qu'est-ce que tu racontes?

— Un timide, dit-il, avec des lunettes, chauve et un peu blindé, juste ce qu'il faut. C'est Zatim qui s'en occupe. »

J'en reste comme deux ronds de flan. Je connais Zatim. Il ne serait pas fichu de trouver un juif entre Montmartre et Saint-Ouen. Je le vois mal en train de monter des combines avec des G.I.

« T'es cinglé, Zatim est incapable de… »

Franck m'entraîne par le bras à toute allure, tandis que je noue mon écharpe.

« C'est pas comme ça que ça s'est passé, c'est l'Amerlo qui lui est tombé dessus rue Blanchet et qui lui colle après.

— Mais qu'est-ce qu'il veut? »

Franck me regarde comme si j'avais de la boue dans le cerveau.

Il soulève les bras dans un geste de désespoir, ce qui fait remonter son manteau au-dessus de ses genoux violacés de froid.

« Qu'est-ce que tu veux qu'il veuille ? Pas une photo d'Eisenhower. Il veut une pépée. »

Il repart à toute allure et je sprinte derrière lui.

« Mais qu'est-ce que tu viens foutre dans cette affaire, toi ? »

Franck prend le tournant de la rue Caulaincourt sur les chapeaux de roues et lance du côté droit de la bouche :

« Je l'ai rencontré avec son G.I. Alors il m'a sauté dessus pour que je le tire d'affaire. »

Je le rattrape et halète.

« De quelle affaire ?

— De cette histoire de pépée. »

Je lui balance ma galoche droite dans le derrière. Il a un couinement offusqué et se calme d'un coup.

« Ça va pas, non ? Pourquoi tu me bottes le cul ?

— Pour que tu t'expliques ! Ça fait deux heures que tu cavales comme un fou en me racontant une histoire à laquelle je ne comprends rien. Vas-y maintenant, explique-toi. »

Franck remue ses semelles sur les pavés et commence à parler en se dandinant sur place. Ça fait trois mille ans que ce mec a froid.

« C'est pourtant simple. Quand l'Américain a demandé à Zatim de lui trouver une pépée, Zatim a dit d'accord, rien de plus simple.

— Mais pourquoi il a dit ça ? »

Franck lève les yeux au ciel.

« Je n'en sais rien, moi... Il m'a dit rapidement que ça pouvait rapporter et qu'il avait vu ça dans un film italien. Les gosses à Naples se faisaient de l'or en amenant des Amerlos voir leurs sœurs. »

J'ai un haut-le-cœur.

« Il ne va quand même pas lui présenter sa frangine ? »

Soupir de Franck.

« Risque pas, elle habite Romorantin, elle a trente-six ans, huit gosses et est inscrite au parti communiste.

— Alors, dis-je, qu'est-ce qu'il va faire ?

— Justement, dit Franck, il est emmerdé, c'est pourquoi il m'a foncé dessus quand il m'a vu. »

Je regarde Franck et j'ai une envie de rire qui monte.

« Et toi, dis-je, tu peux lui en fournir une, de pépée, à l'Amerlo ? »

Franck baisse la tête, sautille un peu plus lentement et se recroqueville lamentablement.

« Ben, non, justement. C'est pour ça que j'ai pensé à toi. »

Mon envie de rire disparaît net.

« Ça va pas, la tête, Franck ? »

Il me jette un œil en dessous, se racle la gorge, sifflote les trois premières notes de la dernière scie d'André Claveau et lâche le morceau :

« J'ai pensé qu'on pouvait s'adresser à Étiennette… »

Étiennette !

Il me sciera toujours les pattes, le gars Franck.

On peut dire que comme esprit de ressource il est un petit peu là ! Si un jour vous avez un problème, n'hésitez pas à vous adresser à lui : il vous sortira de la panade les doigts dans le nez.

Je connais bien Étiennette. Franck connaît bien Étiennette. Tout le XVIIIe connaît bien Étiennette. Sa notoriété a même dû dépasser les limites de cet arrondissement et s'étendre après les fortifications dans ce secteur à chardons et à pissenlits que l'on appelle la zone. Là se trouvent les dernières roulottes à chevaux des gitans survivants au massacre des cinq ans de guerre. C'est là qu'habite Jeannot. Étiennette exerce le plus vieux métier du monde, porte une jupe noire à dentelle rousse, elle a un nez retroussé comme une véritable Parisienne qu'elle est, ses pieds menus s'enfoncent dans des rangers pointure quarante-quatre et son cou s'enveloppe d'une longue ficelle poilue qui fut un authentique boa avant de finir sur une décharge entre Saint-Ouen et Pierrefitte. Nous l'aimons tous. Elle est souriante, avenante, distinguée, ne prononce jamais un gros mot même lorsqu'elle sort de l'un des cent bistrots où elle a ses entrées régulières ; car il faut dire qu'Étiennette, qui ne fume que le petit doigt en l'air et cite des poèmes d'un type qui s'appelle Claudel quel que soit le sujet de la conversation, a un faible dans la vie : c'est le onze degrés à la tireuse dégusté dans un verre à bière.

Elle l'avoue elle-même d'une voix pointue de marquise : « Mon véritable drame est que je ne supporte guère le vin : au bout du dixième litre, je dois m'arrêter, car je sens que cela me monterait à la tête. »

Il lui arrive fréquemment de sortir, certains jours de la semaine, en poussant une voiture d'enfant sans enfant, mais pleine de bouteilles consignées.

Son quartier général est fluctuant. Elle opère sur le Sébasto, sous le pont Clignancourt, ou tout simplement chez elle, une chambre qui sent la barrique, au sixième étage d'un immeuble étroit de la rue des Carmes, où il faut enjamber des montagnes de vieux journaux.

Il y a une chose qu'il faut tout de même signaler, c'est qu'Étiennette a la soixantaine bien sonnée.

« T'es vraiment complètement timbré, Franck. Tu t'imagines tout de même pas que ton soldat va accepter de rester avec Étiennette alors qu'il y a plein de pépées terribles sur le boulevard ?

— Justement, je te dis que c'est un timide ! Il ose pas aborder une fille ! Viens le voir, au moins. »

Je grogne, mais on ne sait jamais.

« Ils sont chez Marco », dit Franck.

C'est un bar avec le comptoir en U qui occupe toute la salle. Coincées contre les murs, il y a des chaises et des tables de jardin à la peinture écaillée.

Installés au fond, je les vois : Zatim, tout frétillant devant sa menthe à l'eau, rajoute de la saccharine dans son verre et me fait de grands signes. Et à côté de lui se trouve Edward Michael Greenbaum junior.

C'est le soldat le plus fluet de la Seconde Guerre mondiale. Sans doute également de la première et de toutes les guerres depuis celle de Cent Ans. J'ai immédiatement envie de lui demander combien il pèse et de parier qu'il ne dépasse pas les quarante-cinq kilos avec le casque et le fusil compris.

Il me serre la main et avale sa salive avec un bruit de clapet avant de parler. Franck a raison : non seulement c'est le soldat le plus fluet, mais également le plus timide qui ait jamais existé.

« Bonjour beaucoup, flûte-t-il, je désolé déranger, mais vous aider peut-être Michael caporal. »

C'est vrai qu'il est caporal, ce petit bonhomme.

Il est tout rouge et sue à grosses gouttes.

« Camarade petit Français dire vous connaître jeune fille pour soldat Libération, *exactly ?* »

Je pense à Étiennette. Jeune fille est évidemment nettement exagéré, mais j'acquiesce à tout hasard : il a l'air tellement gentil que je voudrais lui rendre ce petit service.

« Je... Oui, je connais bien une dame, mais... »

Franck me shoote dans le tibia.

« *Yes*, dit-il, lui, Jo, connaître *girl very beautiful.* »

Le visage d'Edward Michael devient rouge brique.

« Très gentil, dit-il. Vouloir cigarettes ? »

Zatim regarde, perplexe, le minuscule G.I.

« Vous tuer Allemands *very much ?* »

Greenbaum junior fait un petit bond sur sa banquette.

« Jamais ! Moi avoir téléphone, pas fusil. »

Nous rions ensemble.

« C'est bien, l'Amérique ? demande Franck, les gratte-ciel, tout ça ? »

Le caporal se gratte le crâne et hésite.

Zatim se penche :

« Enfin quoi, c'est chouette : les cow-boys, Gary Cooper, les vedettes… »

Les yeux sombres et doux du petit soldat errent au-dessus de nos têtes et s'arrêtent par la porte vitrée sur la maison d'en face, celle du bougnat.

« Chez moi, pareil la maison, plus petite. Brooklyn. »

Nous regardons, horrifiés. Il y a donc des maisons aussi moches que ça aux States ? Ce n'est donc pas le pays du dollar, du sourire dentifrice et du Technicolor ? Franck réagit le premier.

« Tu nous bourres le mou », dit-il.

Greenbaum n'a pas compris, mais le ton de Franck ne le trompe pas.

« Américains très pauvres aussi, manger sandwiches toute l'année… »

Ça, ça me sidère. Et aussitôt je me trouve atroce. Si ce type est pauvre, timide, loin de chez lui, malheureux, militaire et libérateur, je trouve répugnant de lui piquer du fric pour le présenter à une pocharde qui va lui réciter

L'Annonce faite à Marie en s'enfilant des kil de rouge en série.

Greenbaum parle à présent, et ce qui me stupéfie c'est que son enfance ressemble à la mienne, en plus gris, en plus terne, dans un quartier semblable au mien, plein de vieilles boutiques de vieilles gens, avec des jeux dans les caniveaux, des balles en chiffon, des ivrognes assis sur les escaliers des maisons et la pluie en automne, la neige en hiver ; oui, cet après-midi-là, il me révèle une sacrée Amérique, le petit caporal Greenbaum, il m'amène bien loin de la Floride et des piscines en forme de cœur et de haricot.

Le jour tombe très vite dans le bistrot. Marco le bougnat, afin d'économiser l'électricité, ne se décide pas à éclairer et nous distinguons à peine nos visages dans la pénombre. On quitte la caserne obscure. On se retrouve tous les quatre sur le trottoir. Cela fait plus de deux heures qu'il nous raconte son pays, notre Amerlo. Pour un timide, il est bavard. Il doit se sentir bien avec nous ; en confiance…

Jeannot a dû quitter le baby-foot depuis longtemps. Il est tard. Je peux m'attendre à un savon en rentrant à la maison. Mais, de ce côté-là, je suis blindé.

On piétine un moment, le ciel violet tourne au noir sur le Sacré-Cœur, la basilique se détache, blafarde comme un os gratté.

« Excusez-*me*, balbutie Greenbaum, mais vous dites connaissez jeune dame et... »

C'est vrai, j'avais oublié ! Pauvre malheureux, il est si gêné, si ridicule aussi ! Il nage dans son blouson, dans son pantalon, dans son pays, il nage dans tout, Greenbaum... Et j'ai honte de l'embarquer dans une histoire pareille alors qu'il s'est confié à nous et qu'au milieu de notre groupe c'est lui qui semble l'écolier, un écolier que l'on expédie à l'autre bout du monde et qui fait la guerre même si ce n'est qu'avec un téléphone. Et la guerre pour nous qui étions occupés...

Zatim se frotte les mains.

« Je vais vous amener une jolie fille, vous allez voir, quelques dollars et... »

Greenbaum sursaute.

« *Oh ! yes, of course,* je... naturellement. »

Il fouille en hâte dans son blouson et en sort des dollars soigneusement pliés.

Ensemble, Franck et Zatim avancent la main et je ne sais pas ce qui se passe en moi, alors :

« Je ne connais pas de fille, dis-je, *no girl.* »

Les yeux du caporal clignent, plusieurs fois, et il ouvre la bouche pour parler lorsque Zatim, s'exclame :

« Mais non, l'écoutez pas, il plaisante, il en connaît plein, hein, Jo, que tu en connais plein, hein, que tu en connais plein ? »

Je reçois deux coups de coude dans l'estomac tandis que Franck murmure :

« Fais pas le con, t'as pas vu les biftons ? »

Humblement, Greenbaum me tend l'argent.

« Voulez-vous amener moi à jeune dame vous connaître ? »

Je repousse l'argent et hurle :

« Elle a soixante berges, ma jeune dame, et elle se pique le nez au gros rouge. »

Greenbaum, stupéfait, me regarde.

« *What is it,* soixante berges ?

— Soixante ans », dis-je.

Greenbaum ne doit pas dépasser le mètre soixante-cinq, mais il rapetisse nettement d'un coup. Une maquette d'homme.

« Aoh ! » s'exclame-t-il.

Zatim et Franck sont déjà partis. Leurs galoches sonnent sur les pavés, on ne les voit plus, noyés par l'obscurité qui monte du boulevard.

Je remonte le col trop mince de mon manteau et serre la main de l'Américain.

« Au revoir, m'sieur. »

Je me sens soulagé. Je n'aurais pas pu escroquer ce brave type. Il me semble que je m'en serais voulu jusqu'au restant de mes jours.

« Jo... »

Je me retourne : le caporal Greenbaum est là, planté. Il m'a suivi, sa silhouette falote oscille dans la nuit qui est tombée à présent.

« Je voulais dire merci vous, murmure-t-il.

— Pourquoi? »

Il se dandine encore. Il n'arrête jamais de se dandiner, Edward Michael junior.

« Parce que... Parce que je aime peu les grands-mères. »

Je me mets à rire avec lui. Après tout, c'est vrai que je lui ai rendu service : l'amour avec Étiennette, timide comme il est, il en serait resté traumatisé pendant tout le restant de sa vie. On doit pas jouer avec ça. J'ai pas d'expérience, mais j'en suis sûr...

Nous repartons ensemble en direction de ma maison.

« *You like chewing-gum?* »

Il dit ça naturellement, comme s'il allait m'en refiler une plaquette.

« Oui », dis-je.

Il ne répond pas, et cela me semble étrange. Au tournant de la rue du Poteau, il se décide enfin :

« Vous en voulez beaucoup? »

Je commence à réfléchir. S'il pouvait m'en refiler une dizaine de paquets, ça serait intéressant. Les prix au marché noir sont assez élevés et, à l'école, les clients ne manquent pas.

« Le plus possible, dis-je. Vous pouvez en avoir combien? »

Je pense : « Dix à quinze paquets, ce serait formidable! »

Greenbaum sifflote, s'arrête, regarde les étoiles froides entre les nuages.

« Trois camions, dit-il. O.K.? »

4

Je me souviens très bien de ce moment, parce qu'il marque le début d'une amitié entre l'écolier parisien que je suis et ce soldat du Nouveau Monde, plongeur dans un restaurant du Bronx et étudiant autodidacte le restant de la journée dans une chambrette de l'East Side.

Les Américains nous ont libérés, ont dépassé Paris, mais il en est resté un peu partout : au fond des anciennes casernes, dans des hôtels particuliers, ou à l'extérieur dans des campements superconfortables dont les préfabriqués poussent en deux jours ; des villes-champignons comme au temps des pionniers.

Greenbaum a suivi le débarquement une bonne semaine après qu'il a réussi, attaché aux basques d'un colonel à cigares cubains et bedaine flamande qui s'occupe vaguement de surplus militaires et est responsable de l'alimentation du quatrième corps en cigarettes et friandises.

En fait, tout repose sur les épaules fluettes du caporal Greenbaum Edward Michael, car ledit colonel disparaît le vendredi soir de son bureau pour y reparaître le vendredi matin avec la tête de l'homme qui n'a pas fermé l'œil pendant huit jours – ce qui n'a d'ailleurs rien d'étonnant, car le colonel Westland n'a effectivement pas fermé l'œil pendant huit jours, ayant un faible pour les Parisiennes et le bourbon du Kentucky.

Pendant quelques mois, le caporal Greenbaum a durement travaillé, puis il a compris qu'il était temps de penser à son avenir et de revenir au pays muni d'un petit viatique qui lui facilitera la vie et lui permettra d'échapper aux assiettes grasses et aux montagnes de couverts dans son restaurant new-yorkais.

Il a donc commencé par écouler quelques

cartouches de cigarettes, a continué en vendant à un tarif intéressant un demi-quintal de lames de rasoir, a persévéré avec une tonne de bière en boîtes et a décidé, avec ma participation, de continuer avec le chewing-gum.

Greenbaum n'est pas un trafiquant, il n'a rien d'un escroc, simplement il n'a qu'une passion : les études, mais il a appris, à son corps défendant, que le Nouveau Monde ne lui permettra pas d'en faire s'il n'a pas d'argent.

« Vois-tu, Jo, m'explique-t-il dans son charabia franco-anglais, j'ai l'impression que l'Université est réservée, à part les gosses de riches, à de grands types costauds avec des tas de filles autour d'eux et qui n'aiment, en fait, que boire du Coca et jouer au base-ball. »

Il semble par moments désespéré. Il a appris le français avec un dictionnaire de poche et une édition de *Notre-Dame de Paris* trouvée par hasard chez un chiffonnier de Coney Island. A présent, je l'aide de mon mieux.

Mais mon souci reste évidemment le chewing-gum.

J'ai déjà une petite infrastructure de revendeurs : Franck couvre le cours préparatoire et les deux cours élémentaires. Zatim s'occupe, mal d'ailleurs, du cours moyen première année, et je m'intéresse personnellement au cours moyen deuxième année. Mais tout cela se passe évidemment sur une toute petite échelle, car nous n'avons que quelques dizaines de plaquettes à écouler. Il nous est même arrivé de couper les plaques en deux par temps de pénurie.

Jeannot arrive à en placer un peu ; mais, c'est drôle, les gitans n'aiment pas trop ça, et puis ils lui fauchent ses tablettes.

En 1945, donc, le chewing-gum, c'est quelque chose d'extrêmement précieux. Personnellement, mon premier chewing-gum m'a duré deux semaines. Je le rangeais soigneusement chaque soir dans le tiroir de ma table de nuit pour le retrouver au matin, totalement insipide mais, c'est cela qui importe, toujours élastique.

Cet hiver, la pénurie est si grande que je le partage avec Franck : il mâche les jours pairs, je mâche les jours impairs. Malheureusement, au cours d'une récréation, alors que je joue au prisonnier, une bourrade plus violente que les autres me fait avaler la précieuse boulette. Je reste pétrifié au milieu de la cour.

« Qu'est-ce que t'as, Jo ? »

Je n'ose pas répondre. Ils sont tous autour de moi.

« Qu'est-ce que t'as, mec ? Accouche...

— Mon chouingom, dis-je, perdant, du coup, mon semblant d'accent yankee.

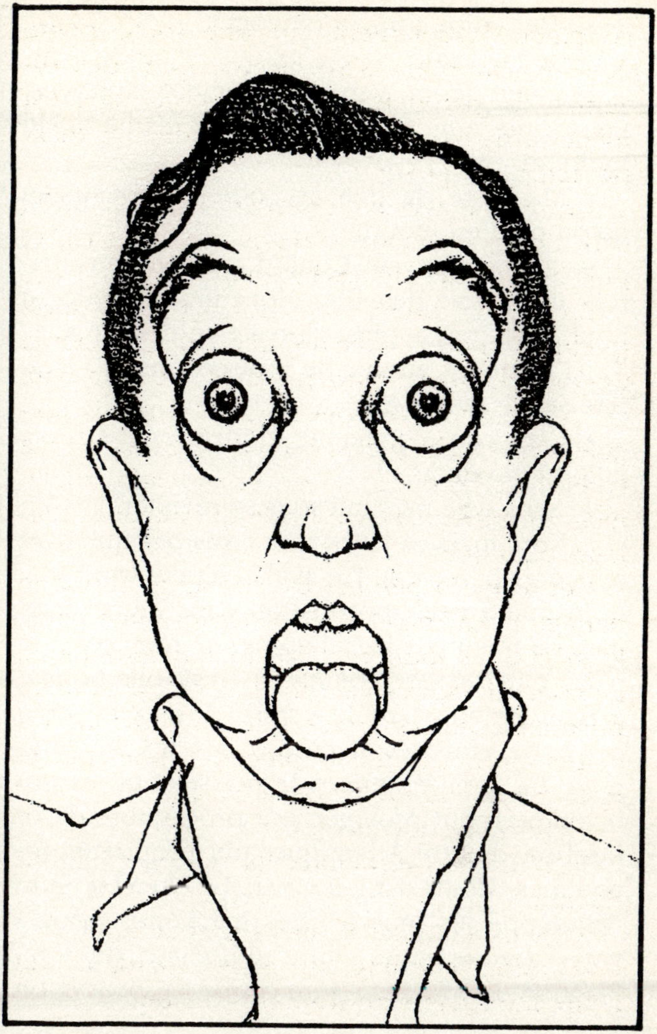

— Ben quoi, ton chouingom?

— Je l'ai avalé. »

Je sens leurs yeux vaguement apitoyés. Franck me remonte le moral à sa manière. Un sadique!

« Ma mère dit que ça colle les boyaux et qu'on peut en mourir.

— Forcément, dit Cottard, ça colle aux parois et ça fait des fils, alors tout ce que tu bouffes, ça passe plus, ça reste au-dessus. »

Ils tournent autour de moi comme si j'étais une statue de musée.

« C'est con, commente Franck, peut-être va falloir l'ouvrir. »

Je sens déjà mes intestins se révolter.

« Non, mais ça va pas, tu crois pas qu'on va m'opérer parce que j'ai avalé ce petit truc? »

Je quête une approbation dans leurs yeux, mais ils n'ont pas l'air d'opiner en mon sens. Je n'ose plus bouger, comme si j'avais une bombe à retardement dans le ventre! Il est vrai qu'il court de sinistres légendes sur le chewing-gum. Ce sont les mères françaises qui les ont inventées pour protéger leur progéniture de ce bonbon d'outre-Atlantique aux propriétés inconnues, donc dangereuses. Le chewing-gum développe les muscles des mâchoires jusqu'à vous donner une allure d'homme de Cro-Magnon. Le chewing-gum coupe l'appétit et on devient maigre comme un fil et enfin, à force de mâcher, on ne pense plus qu'à ça et on en devient fou. Celui qui abuse donc du chewing-gum a une énorme mâchoire, pèse vingt-cinq kilos et se prend pour Napoléon. Et en plus, s'il vient à l'avaler, alors c'est le pire de tout. La catastrophe !

Voilà M. Maillard, le maître.

« Qu'est-ce qu'il se passe, Joseph ? »

Il a remarqué que cela fait cinq bonnes minutes que je suis immobile au milieu de la cour ; comme ce n'est pas dans mes habitudes, il vient aux nouvelles.

C'est un brave homme, la retraite est proche, sa blouse est aussi grise que sa moustache.

« J'ai avalé mon chouingom. »

Il se gratte le crâne et a envie de dire quelque chose, mais il doit surprendre l'anxiété dans mes yeux, aussi sourit-il en tripotant son sifflet.

« Avec un peu de chance, tu le récupéreras demain matin. »

J'imagine le trajet suivi par le chewing-gum. Me voilà sauvé ! Mais je l'ai échappé belle...

En tout cas, le problème est différent à présent : il me faut agrandir mon réseau, car, avec les cinq classes de trente élèves chacune, soit cent cinquante élèves, même en supposant qu'ils mâchent trois chewing-gums à la fois vingt-quatre heures sur vingt-quatre en en changeant tous les deux jours, ils ne sont pas près de vider mes trois camions.

Il faut voir grand, très grand même, et sortir du cadre de l'école, passer à celui de l'arrondissement, bref : devenir, grâce à un caporal de la glorieuse armée de libération, le pourvoyeur en chewing-gums des écoles primaires du XVIIIe, et ça ne sera pas facile.

Réunion ce soir au square avec Franck et Jeannot.

Noël n'est plus très loin. Le froid n'a jamais été si vif : la radio annonce moins douze à Paris ; dans les Ardennes, le thermomètre a baissé en dessous de moins trente. C'est la radio qui le dit, donc c'est vrai.

Franck est là avec son cabas : cent cinquante grammes de viande dans un papier journal, les restrictions continuent, jamais les magasins n'ont été aussi vides, seul le pain est plus blanc ou plus jaune ; il paraît que c'est dû à la farine de maïs que les Américains déversent sur l'Europe par cargos entiers.

Nous grelottons tous les trois.

« Je peux contacter Michaud, dit Jeannot ; il passe son certif à l'école de la rue Coysevox, il peut peut-être organiser un truc. »

Nous sautons pour accélérer la circulation

du sang. On danse un curieux ballet, un ballet d'ours.

« Faut s'organiser mieux, dis-je, faut prendre toutes les écoles du quartier et faire comme pour l'espionnage : un réseau.

— T'as raison, dit Franck, on va faire de l'or. »

Cette nuit, j'ai déjà pas mal réfléchi au fond de mon lit et il est temps d'exposer le résultat de mes cogitations.

« D'abord, faut leur acheter un carnet où ils marquent leur commande et se mettre d'accord sur les prix. On va les baisser, mais pas trop, et pas plus de trois plaques par client.

— Pourquoi? » demande Jeannot.

Franck ricane :

« Parce que si on file vingt plaques à un mec il en gardera cinq pour lui et revendra les quinze autres. C'est pas vrai, Jo? »

Je hoche la tête. Bien sûr que c'est vrai.

« Allez, dis-je, faut y aller, je vais voir aux Abbesses si je vois pas des types de l'école de la rue Lepic.

— Au fait, dit Franck, on leur fait une ristourne, aux gars qui travailleront pour nous?

— Cinq plaques gratuites par semaine, on verra plus tard. Allez, *ciao.* »

Je commence à déambuler dans la rue de Clignancourt lorsque Franck me rappelle. Il montre son nez en louchant. Il y a quelque chose d'humide et de brillant dessus.

« Regarde, Jo, il neige. »

C'était vrai. Il y a des flocons qui tourbillonnent vaguement au-dessus de nos têtes. L'un d'eux me tombe dans l'œil. Le ciel est si lourd, si chargé sur la butte, que je m'attends à ce qu'il écrase tout le quartier d'un instant à l'autre.

« La poisse, dit Jeannot, va falloir installer les seaux. »

Il nous a raconté ça déjà. Quand il pleut ou qu'il neige, tout passe par le trou des toits, alors la famille de Jeannot pousse les lits et met des récipients sous les fuites.

« On va les déverser dehors, à tour de rôle, quand ils sont pleins. Une fois, j'ai oublié, je m'étais endormi… »

Jeannot rit à l'évocation de cet épisode.

« Qu'est-ce que j'ai dérouillé au matin ! J'avais mes galoches qui nageaient, ça avait débordé partout. »

Je lui envoie mon crochet au foie et on boxe un peu. J'aime bien Jeannot. Il rit souvent, et pourtant il n'y a pas tellement de quoi dans sa vie… Il bosse déjà. Il en a fini avec l'école avant presque d'avoir commencé, mais dans ses yeux noirs, avec ses dents cariées qui lui font mal souvent, il y a quelque chose qui me fait dire que, quoi qu'il fasse, il ne connaîtra jamais les grands palaces, Jeannot, et je voudrais tellement gagner de l'argent pour l'inviter un jour, avec Franck. On s'installerait tous les trois sans filles, juste mes copains, on boirait du whisky devant le Pacifique et on irait voir des films sans arrêt en fumant des cigares très longs.

Peut-être il deviendrait vedette, Jeannot, avec ses yeux noirs, ça pourrait plaire ; s'il se lavait les cheveux, je suis sûr qu'il bouclerait...

« Salut, Jo.

— Salut, Jeannot. »

J'arrive au salon, mes cheveux sont blancs.

Le salon est presque vide. Il y a juste le père Lepky, qui se fait faire la barbe comme tous les jours.

« Alors, Joseph, on ne va plus à l'école ?

— C'est jeudi, m'sieur Lepky...

— C'est vrai... Ça marche, les études ? »

Henri repousse le savon sur la joue du vieux bonhomme et son rasoir crisse sur la peau usée.

« Faut le dire vite... »

Je hausse les épaules et fonce à la salle à manger. Dans quelques minutes, c'est l'émission de Saint-Granier. Je ne la manquerais pour rien au monde, le titre seul m'enchante : « Ploum-ploum tra-la-la » ; les premières variétés, les premières chansons depuis quatre ans que je peux écouter sans la hantise d'être pris par les Allemands ou certains de leurs auxiliaires français.

« Tu mets la table, Jo? »

La voix parvient de la cuisine, maman remue des casseroles.

Je monte le son et commence à disposer les assiettes à toute vitesse.

« Tu as fait tes problèmes, Jo? »

Ça, c'est Henri qui surveille mon travail. Il prend sa tâche de plus en plus à cœur. Il remplace mon père.

« Après dîner. »

J'entends les ciseaux cliqueter furieusement.

« C'est toujours pareil, tu t'y prends à la dernière minute! Écoute-moi bien, Jo... »

Le voilà parti, ça va durer un petit quart d'heure. Il devrait parler en chaire; Henri... le roi des prédicateurs, c'est lui.

De la cuisine, la voix de maman résonne :

« Jo, où as-tu rangé l'ouvre-boîtes?

— Dans le placard, dis-je, sous les illustrés.

— Je ne le trouve pas, dit-elle. Au fait, tu as été prendre le pain? »

Ça y est, l'émission commence. Il y a Georges Ulmer. C'est mon chanteur préféré. Il a une chanson terrible qui se déroule dans l'Ouest américain : *Bing, vieux cheval de gaucho.* Et puis une autre : *Quand allons-nous nous marier, nous marier...* Il prend l'accent cow-boy, nasillard.

« Je ne trouve pas cet ouvre-boîtes », grommelle ma mère.

C'est la ménagère la plus ordonnée, la plus méticuleuse que je connaisse. Dans la cuisine, les casseroles brillent, pendues par ordre de grandeur, tout est à sa place et cette place est unique. Pas question de mettre les fourchettes à la place des couteaux et inversement.

Il n'y a qu'une chose qu'elle n'arrive jamais à retrouver : l'ouvre-boîtes. Je suis sûr qu'elle l'attacherait avec une ficelle, le lendemain, la ficelle serait vide. C'est sa malédiction.

Elle est jeune, ma mère : cinquante à peine. Pourtant, ses cheveux sont blancs. Cela date de la guerre. Avant, on le voit bien sur les photos, elle était très brune, presque la même couleur que Jeannot. Elle a la bouche triste aussi, les coins descendent. Elle les relève souvent, courageusement, de toutes ses forces, mais on sent bien qu'ils résistent et moi je sais que si papa était revenu elle serait brune comme avant... C'est l'attente qui lui a fait ça, la peur et le chagrin... Et puis le souci qu'elle s'est fait pour nous..., mon frère et moi... C'est terrible. Elle est casse-pieds souvent. Je suis le petit dernier, évidemment. Elle veut me couver. Mais, tout de même, j'aimerais qu'elle me laisse vivre ma vie.

« Jo, trouve-moi cet ouvre-boîtes tout de suite !

— Merde », dis-je.

C'est la première fois que je réponds comme ça. Je suis partagé entre le remords immédiat et la peur d'une gifle que je mérite bien.

Violente exclamation maternelle :

« Tu as fini de parler comme ça ? Va chercher le pain immédiatement ! »

Ça y est, les ordres contradictoires qui commencent. Zut ! et le poste qui grésille en plus !

« Attends une seconde, je...

— Tu vas faire ce que maman t'a dit, oui ou non ? »

La voix de Henri est lourde de menaces.

Tout ce que je déteste : les engueulades, les devoirs, la petite vie autour de la petite table, tout ce monde médiocre... Il faut que j'échappe à tout cela, vivre ainsi est pire que la mort. L'Amérique m'appelle : ils ont de l'espace là-bas, de l'argent, ils sont plus grands, plus beaux, plus forts, plus rapides... Évidemment, il y a Michael, mais c'est une exception.

« Mon petit bonhomme, t'as intérêt à réussir ton certif, parce que... »

Le feu aux poudres.

J'explose comme cinquante tonnes de dynamite :

« Le certif, c'est pas quelque chose qu'est au premier rang de mes préoccupations. »

Silence. Pas lourd. Henri est là, ciseaux d'une main, peigne de l'autre.

« Qu'est-ce que t'as dit ? »

Sa voix est neutre, on dirait qu'il vient de me demander de lui passer le sel. Je fais un effort terrible :

« Rien, maman veut que je prenne le pain. »

On se regarde. C'est vrai qu'il bosse dur et que c'est lui qui me fait vivre. Je ne peux pas lui dire que la vie qu'il mène me fait horreur.

Au bout de ses doigts, les ciseaux cliquettent.

« Vas-y, Jo, on reparlera de tout ça bientôt. »

Bon sang de bon sang, c'est terminé pour Georges Ulmer et Ploum-ploum tra-la-la. Je n'ai pas une seconde à moi. Entre l'école, le chewing-gum, les commissions, les devoirs et tout le reste, je ne m'en sors plus. J'enfile mon manteau rageusement.

« Je me demande parfois si on a vraiment gagné la guerre. »

J'entends rire dans le salon et Lepky remarque :

« Il a de la défense, votre petit frère ! »

Si je n'en avais pas eu, je ne serais pas là. Quatre ans avec la Gestapo sur le dos, cela vous modèle un bonhomme.

Il neige à gros flocons et cela a l'air de vouloir tenir. Demain, cela va être une fameuse bataille de boules dans la cour des petits. Moi, je n'en lancerai pas. C'est vrai que je ne joue plus à des jeux d'enfants, j'ai d'autres choses à penser, il faut que j'organise cette histoire de chewing-gum très vite. J'ai vu Greenbaum et il ne peut pas entreposer les caisses plus de dix jours.

Dix jours pour écouler trois camions ! Un véritable tour de force… Jamais je n'y arriverai.

Il neige sur l'après-guerre.

5

« Freine, Franck, freine !

— Ça glisse, je dérape, je... »

Je me cramponne à la roue pleine, les rayons brûlent ma paume à travers le gant.

« Mais freine, bon sang ! »

Franck se raidit comme un arc ; ses galoches partent et il suit avec un hurlement. Les roues patinent, la charrette oscille et se colle en travers de la chaussée, les roues avant bloquées par le trottoir.

Franck file comme une flèche, ses fesses touchent à peine le sol verglacé. S'il ne s'arrête pas, il va se retrouver à Saint-Ouen en trente secondes : la rue du Chevalier-de-la-Barre est la plus en pente de tout Paris.

Cramponné aux mancherons, je le regarde dévaler, impuissant. Il file comme une bulle le long d'une règle.

Silence total.

Paris est gelé. On ne voit rien à travers les fenêtres calfeutrées que le gel rend encore plus opaques.

« Jo!... »

La voix est lointaine, elle parvient du bas de la rue, au moins cinquante kilomètres. Il s'est payé une belle glissade, le gars Franck, le roi du caniveau. *Holiday on ice.*

Je mets mes mains en porte-voix :

« T'as rien de cassé? »

Silence glacé. Pire que dans les bouquins de Jack London : le grand silence blanc. J'adore *Croc-Blanc*; je l'ai lu dans la Bibliothèque Verte.

La voix de Franck me parvient, toujours lointaine :

« Si, le cul!... »

Ce type est d'une incorrection choquante. En tout cas, cassé ou pas cassé, il faut qu'il remonte. Avec quatre-vingt-cinq kilos de chewing-gum dans la charrette, j'ai beau être costaud, je n'arriverai jamais tout seul à descendre. Si par malheur le chargement m'échappe, ça fera du joli à l'arrivée!

« Remonte! »

Gémissement lointain, puis une voix plaintive :

« J'arrive. »

Le pire, c'est ce brouillard qui plane, un brouillard givrant qui recouvre les fusains des vieilles maisonnettes.

C'est drôle; lorsqu'il y a du brouillard, avant que les choses ne disparaissent, elles semblent devenir plus précises, plus nettes. J'ai l'impression de les voir à travers une jumelle qui agrandit chaque détail.

On a eu tort de prendre cette rue, mais cela coupe et puis j'ai peur qu'une ronde de police ne me demande ce que nous transportons dans la charrette; cela serait difficile à expliquer.

« Alors, t'arrives?

— Me voilà. »

Je ne le vois toujours pas, mais, au son de sa voix, il ne doit plus être très loin. Le bruit de ses galoches troue le silence.

Je m'engourdis peu à peu. Étonnant qu'il n'y ait pas encore de loups dans le coin, ils ne sauraient tarder.

Mais qu'est-ce qu'il peut bien faire!

« Alors, Franck, tu viens, oui ou non? »

Il ne répond plus.

Je me lève.

« Franck! »

Re-silence. Cette fois-ci, je hurle :

« Franck!!! »

Je tends l'oreille. Une plainte lointaine monte lamentablement vers moi du bas de la ville :

« Jo...

— Qu'est-ce qui t'est arrivé?

— J'ai encore glissé... »

Malgré la situation, je me mets à rire. Juste au moment où il allait arriver, il a dû déraper et se refarcir la pente. Pas la peine d'escompter une troisième tentative. A présent, c'est à moi de jouer.

La solution est simple : une charrette de plus de cent kilos sur un miroir glacé incliné à soixante degrés au moins bibi pour retenir le tout. Moi qui adore faire des effets de biceps devant la glace de la cuisine, on va voir si j'ai véritablement des muscles comme Errol Flynn dans *Gentleman Jim*.

Allons-y doucement. Le truc, c'est de zigzaguer en biais, ne pas prendre dans le sens de la plus grande pente.

C'est parti. Au bout de trois tours de roue, la charrette prend de la vitesse, le sol brille

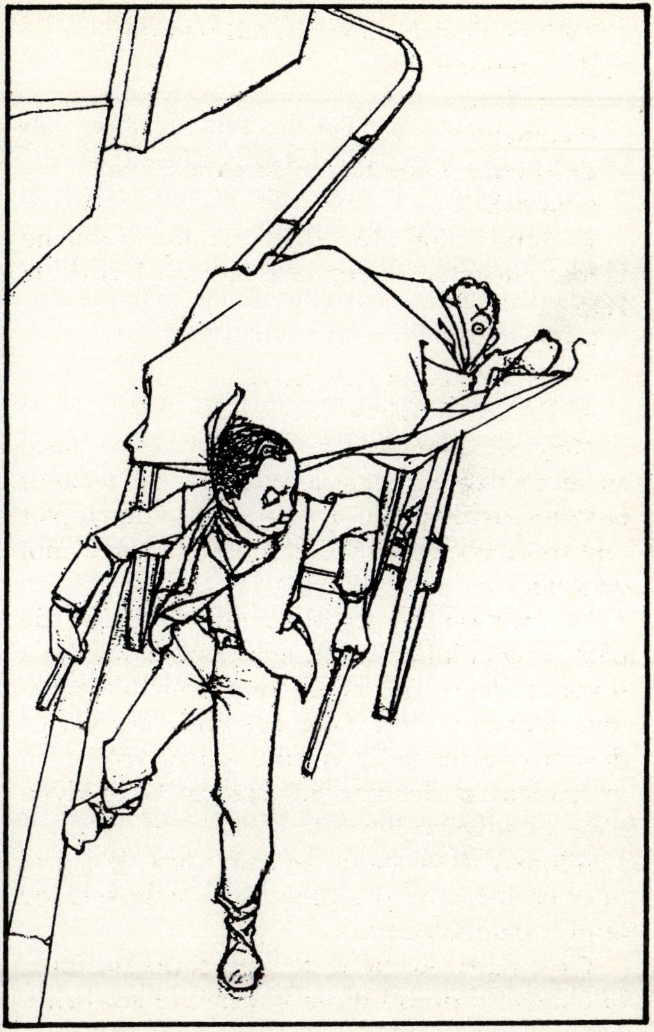

comme cent mille diamants. Les muscles des cuisses me font mal. Je vais gicler comme une savonnette.

Le pire, c'est que j'ai des fers au talon, des énormes qui arrachent des étincelles au pavé.

Ça s'accélère, je sens que je vais lâcher, je sens que je lâche, je sens que... Je tire sur les poignées violemment et me jette de tout mon poids de côté. La charrette oscille, manque verser et s'immobilise en catastrophe, une roue sur le trottoir.

Je connais bien la rue. Je n'en ai pas fait la moitié et je n'y arriverai jamais.

Réfléchissons.

« Jo... »

Voilà l'autre misérable coyote qui recommence à miauler. Pas le temps de m'occuper de lui. J'ai le chargement pour une semaine, les carnets de commande sont pleins, tout fonctionne, c'est demain le jour J, la première distribution aux revendeurs. Il ne manque que la matière première, et la matière première, c'est moi qui l'ai et il faut que je la livre à bon port.

Quelle malchance que Greenbaum n'ait pas pu m'accompagner!... Ce n'est pas qu'il soit bien costaud, mais tout de même, à deux, c'était différent.

Résumons : c'est une patinoire, avec mes semelles lisses je n'ai pas une chance et...

Il faut savoir prendre des risques.

D'abord, enlever mes chaussures, et c'est dur à cause des nœuds qui sont comme des petits bouts de glace entremêlés. Voilà la première phase.

Enlever aussi la chaussette – elle est tellement reprisée au talon que son épaisseur y est double –, remettre le pied nu dans la chaussure, relacer, l'idéal pour attraper des engelures, et remettre à présent la chaussette par-dessus la chaussure. Même topo pour le second pied.

Le tour est joué. C'est une ruse de trappeur à la Jack London. Évidemment, maman ne serait pas heureuse-heureuse de me voir déambuler comme ça ; mais c'est la seule façon de ne pas glisser et de ne pas traverser la rue à cent cinquante à l'heure derrière un quintal de chewing-gum.

En avant, me voilà équipé. Je ressemble plus à un ours des Pyrénées qu'à autre chose, mais il n'y a pas le choix.

La charrette s'ébranle doucement. J'enfonce mes talons dans le sol. O merveille, je ne glisse plus, la ruse est bonne. Avec un peu de chance, je peux arriver en bas à vitesse normale.

En bas, Franck m'attend en se frottant l'arrière-train avec beaucoup de précaution. La rue Marcadet est presque vide, le brouillard y est moins dense et on peut voir de vagues silhouettes emmitouflées progresser avec circonspection en se cramponnant à l'appui des fenêtres.

Franck s'est mis à côté de moi pour pousser. J'ai les muscles qui me tirent jusqu'au milieu du dos.

« Te plains pas, Jo ; toi qui veux être boxeur, ça te fait un bon entraînement. »

Je grommelle.

« Au fait, dit-il, j'en prendrais bien un ! »

Je le regarde.

« Un quoi ?

— Ben, un chouingom.

— Tu t'imagines pas que je vais ouvrir une boîte pour toi, non ? Ils sont rangés en paquets de cinq cents, ça flanquerait tous les calculs par terre ! »

Il marque le coup et continue à pousser.

Nous arrivons presque. On va cacher tout ça dans la cave de la maison à Zatim ; c'est un endroit sûr, la cachette idéale. D'ailleurs, nous y sommes, le calvaire est fini.

« Quand même, ironise Franck, c'est un peu fort de café : avoir transbahuté cent kilos de chouingom et pas pouvoir s'en farcir un seul ! Je m'en rappellerai, du voyage ! »

Je sais bien qu'il y a une demande sous-jacente dans sa voix, mais je suis intraitable :

« J'espère bien que tu t'en rappelleras, dis-je, tu vas avoir les fesses bleues pendant pas mal de temps. »

Franck soupire.

Il pense que l'époque est bien dure, le terrain bien glissant et les enfants de l'après-guerre bien à plaindre.

6

« SHOOTE, Fred, shoote ! »

On s'est levés ensemble.

Trop tard, le demi-centre marseillais subtilise la balle dans les pieds de l'ailier parisien et dégage avec une longue chandelle.

Jeannot se ronge ce qui lui reste de peau autour des ongles. Il n'y a pas plus chauvin que lui.

« Ils sont pas en forme, je sens qu'ils sont pas en forme.

— Gémis pas, dis-je, c'est à peine le début. Un à zéro, c'est pas le diable. »

Là-bas, derrière le pilier qui nous masque le quart du terrain, la partie continue.

Le Red Star est mon équipe favorite parce que ce sont des gars du quartier ou qui le sont devenus qui jouent et puis parce que le nom me plaît : le Red Star. Cela a un goût américain, presque hollywoodien.

Le défenseur marseillais est un grand rouquin omniprésent qui a une réputation de casse-pattes bien méritée. Il utilise toutes les ficelles et cravate Aston (Fred pour les initiés) au moment où il s'échappe le long de la touche.

« Salaud ! » hurle Jeannot.

Rouge d'indignation, il postillonne de rage.

Seul le caporal Greenbaum reste impassible. Il m'a expliqué avant le match que, chez lui, les joueurs touchaient le ballon à la main et avaient le droit de se filer des pêches dans le bide, alors je comprends que rien ne l'étonne.

De l'autre côté de la ville, c'est le stade chic, aux confins du XVIe; c'est pour les snobs, des lascars à ne pas fréquenter.

Ce stade snob a une équipe snob : le Racing. Ce sont des fillettes qui jouent en faisant de la dentelle et ignorent les vertus prolétariennes du bon gros shoot.

Jamais je ne vais au Parc des Princes. Le titre

seul me fait rebiffer : « Parc » est déjà un mot prétentieux, mais « Princes », c'est pire que tout ! Le grand jour, c'est lorsque le Racing rencontre le Red Star. Alors là, tout le XVIIIe arrondissement monte au stade, avec femmes et enfants. Dans les tribunes on s'installe bien deux heures avant et, lorsque notre équipe vert et blanc sort d'un souterrain qui semble communiquer directement avec les entrailles de la terre, une clameur monte que l'on doit entendre jusque sur les rives de la Seine. En général les minables présomptueux du Racing se ramassent un quatre à zéro et rentrent dans leurs beaux quartiers la tête basse. Enfin, ça, c'est ce que je crois avec le recul des ans…

Il existe une troisième équipe à Paris, c'est le Stade Français, mais elle n'a pas grande importance. Le foot, c'est un peu comme la politique. Ce qui compte, ce sont les extrêmes. D'un côté il y a Thorez, de l'autre il y a de Gaulle ; au milieu on ne sait pas trop qui surnage.

Je ne suis pas un fan du foot. En fait, je préfère la boxe et de beaucoup, mais le dimanche on a pris cette habitude avec Jeannot et Franck d'aller au stade. Franck est un mordu. Il joue quelquefois le samedi et se défend pas mal.

Chaque fois que le Red Star domine, Jeannot et Franck se lèvent d'un bond, et chaque fois qu'ils se lèvent d'un bond, si l'on écoute bien, on entend les sous tinter dans leurs poches. C'est signe que le commerce marche à fond.

Tout roule dans l'huile. On en est à deux voyages par semaine pour entreposer les boîtes de chewing-gum. Le réseau est en place. On couvre pratiquement tout le secteur scolaire entre le boulevard de Clichy et le chemin de fer de la petite ceinture.

Les « instits » deviennent sympas : chaque fois qu'ils piquent un élève à mâchouiller en classe, ils l'obligent à cracher dans la corbeille. Ça arrange bien nos affaires, car ça augmente évidemment la consommation. Les maîtres d'école anti-chewing-gum sont nos meilleurs alliés. On devrait leur donner une commission.

Rue Carpeaux, on a eu un coup dur ; le responsable de trois classes s'est fait la malle avec deux cent cinquante plaquettes. Ses parents ont déménagé et on ne les récupérera pas, mais c'est une perte négligeable sur l'ensemble des bénéfices.

Greenbaum Edward Michael semble parfaitement satisfait. Il est complètement intégré à notre bande et se demande comment écouler un demi-wagon de blousons molletonnés kaki taille quarante-six.

Peut-être pourrais-je faire quelque chose pour lui… Il faudra que j'y réfléchisse.

Froid de loup toujours. Pourtant le ciel est

bleu, mais le soleil jaune est absolument inefficace : il ne fait pas monter la température d'un centième de degré.

L'inter marseillais centre sur l'ailier Georges Dard, qui feinte une fois, deux fois, se rabat, dribble encore, shoote, but, merde.

Franck, effondré, enfouit son front dans ses mains.

« Ça se remonte, dit Jeannot : deux buts, ça se remonte... »

Toujours optimistes, les tsiganes. Et quand ils sont supporters d'une équipe, alors, n'en parlons pas !

Réengagement. Le demi rouquin ouvre dans le trou, sur la tête de Pironti qui se détend et... gémissement général.

« Forcément, dit Franck, ils font venir des Corses, alors...

— Ça va les cravacher, dit Jeannot ; trois à zéro, c'est pas la mort. »

Edward Michael rit. Il est le seul de notre groupe à ne pas mâcher de chewing-gum. Au-dessus du stade, l'étoile rouge du club pâlit dans la clarté de ce dimanche d'hiver.

Avant la mi-temps, une plainte lugubre a encore parcouru le stade : un avant vêtu de blanc a fusillé le goal audonien : quatre à zéro. Heureusement que l'arbitre a refusé le but pour hors-jeu.

« Ils vont réagir, assure Jeannot qui est un stratège, à la deuxième mi-temps, ça va être un festival. »

Tandis que les deux équipes regagnent les vestiaires, Michael me donne un coup de coude. Je fais quelques pas avec lui dans les travées, je sens qu'il a quelque chose d'important à me dire.

« Jo, le chewing-gum, c'est O.K., non? »

Je le regarde intrigué.

« Très O.K., dis-je; ça marche, on gagne des sous. »

Il rit et cligne de l'œil.

« Tu vas bientôt pouvoir te payer des gants de boxe? »

Il sait quels sont mes projets à court terme. C'est vrai que ça aussi c'est une solution pour mener la grande vie : on est champion du monde et on voyage. Faut tout essayer.

Il tire ses poignets sur ses gants kaki.

« Jo, le chewing-gum, c'est pour enfant surtout, mais j'ai occasion meilleure. »

Il se met pas mal de dollars dans les poches déjà; décidément, il veut faire fortune, le petit caporal, il doit vouloir rentrer avec le sac dans son New York natal : un nabab.

« Qu'est-ce que c'est?

— Farine. »

Je sifflote. Ça, c'est plus difficile à écouler.

« Combien de kilos?

— Une péniche. Par sacs de cent kilos. »

Il me scie, ce mec.

« T'es cinglé, Michael; où veux-tu que je camoufle une péniche? Et pour sortir les sacs? C'est pas avec ma charrette que je pourrai y arriver. C'est pas un trente tonnes que j'ai, c'est une brouette. »

Impassible, Greenbaum m'apaise :

« Nous réfléchir, la péniche arrive trois jours, quatre, on va trouver solution.

— C'est ça, dis-je, le temps travaille pour nous. »

Nous reprenons nos places. La partie a recommencé, les joueurs se démènent, le gars qui tient le tableau d'affichage aussi. Le Red Star a marqué deux buts en moins de temps qu'il ne faut pour le dire grâce à son canonnier Simony. Franck et Jeannot sont aux anges. Je leur parlerais d'une tonne d'or à écouler qu'ils ne m'écouteraient pas. C'est ça, les supporters...

J'ai l'air de suivre le jeu. En vérité, je suis à bord d'une péniche, enseveli sous une montagne de farine. Cette histoire me travaille. Peut-être y a-t-il moyen de gagner une fortune avec! Et, si je ramassais un gros paquet, cela me permettrait de m'acheter des gants, bien sûr, mais je pourrais aussi combler ma mère qui a tant mérité un peu de bonheur et commencer à mettre du fric de côté pour le voyage ! Mon voyage ! Adieu, le XVIIIe ! J'y suis déjà : appuyé au bastingage avec devant la statue de la Liberté et les buildings de New York qui est là, New York « la ville debout » ! Je suis sûr que j'arriverai avec le soleil levant. Je saute sur le quai, dans ce monde tout rouge, tout neuf comme une pomme mûre, et deux ans, trois ans après, je suis un champion de boxe, de cinéma, du pétrole, du caoutchouc, de la conserve, de n'importe quoi, mais un champion...

Ça me tarabuste, cette histoire de farine...

Avec mes deux potes, on pourrait essayer de trouver une combine : ils ont des copains qui sont grands, peut-être certains ont-ils des voitures...

Je pourrai déjà demander dans l'immeuble s'il y en a que la farine intéresse, s'ils ne connaissent pas des gens qui en désireraient... Faut se renseigner sur les prix.

Illumination.

Et les boulangers !

Bien sûr, que je suis bête, je vais demander au père Davier. Avec sa camionnette, il en prendra bien une tonne. Et son gendre, qui tient une pâtisserie dans le XIVe, ça va l'intéresser aussi, il viendra avec son gazogène, il est capable de vider la péniche en cinq sec. Oui, décidément, ça prend tournure. Je reviens dix ans après des U.S.A., bronzé, un mètre quatre-vingt-quinze, en bottes western, costard blanc et chapeau large comme Gary Cooper dans *Saratoga.* Ma mère est là avec Henri, ses ciseaux dans les mains, je les embrasse et dépose des liasses sur la table.

« C'est pour agrandir un peu », dis-je.

On abat les cloisons, on achète des fauteuils, on change les places, on engage du personnel, on agrandit la devanture, moquettes, peinture, tout est neuf, moderne, des chromes partout, des tondeuses nickelées.

« Et voilà, dis-je, c'est quand même plus agréable. »

Je suis la fée qui change toutes les citrouilles en carrosses et ma baguette est un paquet de dollars.

« Reste avec nous, soupire maman ; c'est bien, le commerce, c'est stable... »

Je souris dédaigneusement.

« Coiffeur, moi ? Jamais ! »

Je leur offre les vacances auxquelles ils rêvent tous les deux depuis toujours.

Je nous vois tous réunis au restaurant de la plage et moi qui sors les billets de mes poches.

« Un autre dessert pour tout le monde. »

Maman sourit dans sa robe neuve. La mer est bleue. J'aimerais tellement revoir la mer !

Un cri gigantesque me soulève et m'arrache des vagues bleues.

Jeannot trépigne.

« Je l'avais dit, je l'avais dit, c'est le réveil. Vas-y, Fred ! »

Aston, dans son style feu follet – c'est son surnom dans les journaux – vient d'égaliser.

Le vrai miracle.

Les dix dernières minutes.

Les vert et blanc se ruent vers les buts marseillais.

Jeannot et Franck, écarlates, se rompent les cordes vocales. Un tir tendu heurte la barre, le stade est debout. La balle rebondit sur un pied marseillais. Zatelli contrôle, shoote, le stade est assis.

Quatre à trois. Marseille a gagné.

C'est triste, un stade qui sort, surtout un jour de défaite. On descend, battus, vers le lundi gris et glacé qui attend pour débuter toute la longue semaine. Dehors, c'est le marché aux puces aux trois quarts vide, un coin qui sent la misère.

« Quatre à trois, dit Jeannot, c'est pas la mort. »

Franck hausse les épaules.

« Y'a des semaines où on n'est pas en forme… Et puis l'arbitre ne nous a pas favorisés ! Zatelli a marqué son but après le temps réglementaire… »

Il envoie une bourrade à Michael.

« Alors, l'Américain, au fait, tu as fini par te trouver une fille ? »

Michael sourit, gêné. De plus en plus minuscule, un vrai soldat de poche.

« Bientôt, dit-il, bientôt. »

Nous rions tous. Il faut que je rentre faire ma rédac. Une vraie plaie !

« Le retour du prisonnier. Décrivez la joie de sa famille, de ses amis, vos réactions personnelles. »

Un beau sujet. Malheureusement pour moi, c'est un sujet d'imagination. Papa n'est pas revenu.

« Salut, les mecs. »

On quitte Jeannot et Michael et nous remontons avec Franck. J'ai toujours un peu le cafard le dimanche soir : la rédac à faire, cette histoire de farine qui me turlupine...

Mon copain doit sentir que ça ne va pas fort parce qu'il m'enfonce brusquement mon passemontagne sur la tête.

« On va faire un baby-foot ? »

Allons, la vie est courte...

« Trois parties, dis-je, pas plus... »

7

Je ne me connais pas de qualités si ce n'est l'art de sentir à cent mètres les anicroches.

Ce lundi matin, dès la grille de la cour, je comprends que quelque chose flotte dans l'air et que les ennuis ne vont pas tarder à rappliquer.

Je n'ai d'ailleurs pas grand mérite à déceler le coup dur : je n'ai qu'à contempler la tête à Léon.

Léon Nakache.

C'est un personnage bien connu dans le quartier, un garçon monté en graine, un fil de fer surmonté d'une sphère couronnée de cheveux jaunes – on l'appelle Tournesol. Cela ne le gêne guère. Ce qui l'ennuie, c'est son véritable nom. Nous en avons parlé une fois.

« Je déteste mon nom.

— Pourquoi ? »

Il a hésité à répondre, s'est gratté le crâne et a fini par avouer :

« Je trouve que ça fait juif. »

... Il est assez difficile de prétendre le contraire...

« Et alors, dis-je, qu'est-ce que t'es ? »

Nakache écarte les bras :

« Ben, je suis juif, bien sûr.

— Alors, tu devrais pas t'étonner. »

Il fait la grimace.

« Quand même, dit-il, ça me gêne.

— Léon, dis-je, il y a un truc qu'est sûr. Non seulement t'es juif, mais en plus t'es con. »

Regrimace.

Le plus bizarre de l'histoire, c'est que je devais revoir Nakache plus de vingt ans après la communale.

C'était un dimanche, au cinéma. Devant moi, une tête hirsute me masquait les trois quarts de l'écran.

« Excusez-moi... »

Il s'est retourné :

« Jo!

— Nakache! »

Sa figure a viré au rouge. Il a eu deux toussotements nerveux.

« Non, plus de Nakache; c'est fini, Nakache... »

Je me suis souvenu de la phobie qu'il avait de son nom.

« C'est vrai que tu trouvais que ça faisait juif; alors, comment tu t'appelles maintenant, Léon? »

Il a pris un air modeste.

« Nahoum, a-t-il murmuré. Léon Nahoum. »

Il y a des êtres qui ne changent pas. Nakache-Nahoum était aussi futé la trentaine passée qu'à quatorze berges.

En tout cas, ce matin, il n'a pas l'air heureux.

« Ça va mal, Jo!

— Qu'est-ce qu'il y a?

— C'est les mecs à Fouloche, ils m'ont piqué ma cargaison et pareil à tous les autres. »

Je prends le coup au plexus. Ça n'est pas possible qu'on ait dévalisé mes vingt-quatre revendeurs. J'ouvre la bouche pour le questionner, mais je la referme aussitôt. Pas la peine de demander des renseignements. Je vais en avoir de première main : du fond de la cour, Fouloche s'avance vers moi.

C'est comme dans les westerns, ça s'écarte par des mouvements insensibles, il y a entre nous un espace vide. Je sens derrière moi que Franck a pris position. Je donnerais cher en ce moment pour avoir un Stetson et un colt frontière, ce serait encore mieux que Gary Cooper dans *Saratoga* avec Ingrid Bergman.

« C'est toi, Joseph ? »

Il sait parfaitement que c'est moi. Je déteste ce genre de type qui joue au dur. Il mâche du chewing-gum. Sans doute celui qu'il a piqué à Léon.

« Tu le sais, alors pourquoi tu le demandes? »

C'est un râblé, sûr de lui. On dit qu'il fréquente déjà les filles. Et puis il bénéficie d'un certain prestige : c'est le fils de Fouloche, l'instit qui fait le C.M., un dur qui ne mégote pas sur les coups de règle.

Fouloche regarde derrière lui : il y a trois ou quatre grands, les mains dans les poches. Tout cela n'a pas l'air bien menaçant. Je dois pouvoir rassembler plus de monde que lui.

« Voilà, dit Fouloche, c'est simple : on veut pas t'empêcher de vendre du chewing-gum, mais nous on fait le racket.

— Très bien. Et c'est quoi, votre racket? »

Il mâchouille toujours.

« C'est facile : tu nous files dix pour cent et quand tu as des ennuis on te protège.

— Et quand c'est toi qui m'ennuies, comment je fais ?

— On t'ennuiera pas si t'es sage. »

Il a une serrure rouillée dans le gosier pour produire un bruit pareil.

« Tu vas trop au ciné, Fouloche, t'as tendance à te prendre pour Humphrey Bogart. »

Franck derrière moi fait un geste négligent comme s'il chassait les poussières. Je vois son haleine blanche du coin de mon œil droit.

« Caltez, les mecs, on n'est pas trop patients. »

A gauche, Nakache opère un lent recul sur la pointe des galoches. S'il y a une bagarre, c'est pas lui qui nous prêtera beaucoup la main.

Fouloche serre les dents. Il a une sacrée mâchoire, le gars, il y a de la place pour cogner.

« Petit con », dit-il.

Je fonce en avant et pile net.

Ça siffle.

Et, quand ça siffle, ça veut dire qu'il faut s'arrêter pile, immobilité totale, sinon on bloque une punition. Au deuxième coup de sifflet, en rang devant les classes et sans courir.

« Au square ce soir, petit con. »

Je regarde Fouloche. Faut parler très bas.

Il récidive.

« J'y serai.

— Et tâche de venir seul, sinon c'est ta fête, j'te passe les couilles au Mercurochrome.

— Oublie pas le flacon, ça te servira. »

Dans sa longue blouse grise de moine-instituteur, Maillard se retourne de l'autre bout de la cour.

« C'est fini là-bas, oui? »

Coup de sifflet.

Lentement les rangs se forment. On dirait qu'il fait moins froid ce matin. Dans la classe, le poêle ronfle. Il est au fond de la classe, son tuyau rase les têtes, fait un angle droit, repart, deux coudes successifs, revient sur lui-même et sort enfin après une demi-douzaine de zigzags. C'est un tuyau fou.

« Prenez les cahiers du jour. La date en haut à droite, au centre : *Dictée préparée et questions,* vous soulignez à la règle, vous posez les porte-plume, vous croisez les bras et vous écoutez. Franck, va cracher ton chewing-gum dans la corbeille. Ceux qui n'ont pas leur cahier du jour auront deux points en moins et conjugueront cinquante fois au subjonctif présent à toutes les personnes : "Je ne dois pas oublier mon cahier du jour." Prenez les porte-plume. »

Je regarde le maître : quarante ans au moins qu'il répète cela presque chaque matin..., cette mélopée... Ce doit être dur, ce métier.

)ictée

Tout en tirant la langue et en essayant de me rappeler les règles d'accord du participe passé conjugué avec l'auxiliaire avoir, je bâtis mon plan pour ce soir.

D'abord, pas question de raquer. Si je lui laisse dix pour cent aujourd'hui, ce sera cinquante demain et à la fin de la semaine j'aurai droit, par faveur toute spéciale, de ramasser la monnaie que Fouloche daignera laisser tomber dans la boue du ruisseau ou de mâcher le chewing-gum qu'il recrache quand il n'a plus de goût.

Mais venir seul, c'est risqué, car ça m'étonnerait qu'il veuille discuter. Ce type est un faux cul ; je le sens. L'intuition... Si je me pointe les mains dans les poches, il va arriver avec deux mastards et ça va être ma fête. Donc la ruse. Je viendrai tout seul, mais je vais poster deux hommes à moi en cas de coup dur derrière les grilles. Non, pas deux, quatre. Il vaut mieux trop que pas assez. Zatim, Franck, Jeannot... Je prendrai aussi Nakache, bien sûr, et... Bon sang !

J'ai perdu le fil de la dictée.

« M'sieur...

— Qu'est-ce qu'il y a, Joseph ?

— Après « bien qu'ils fussent rentrés » ?

Le père Maillard manque de tomber de sa chaise.

« Tu en es que là ? Mais qu'est-ce que tu as ce matin ?

— J'sais pas, m'sieur. »

Il me regarde et hoche la tête. Il m'aime bien. Je sais qu'il ne me grondera pas trop, juste ce qu'il faut pour qu'il gagne son pain : me faire réussir au certificat d'études. Ça, c'est son idée fixe. Sur ce plan-là, ils sont trois à avoir la tête en fer : Henri mon frère aîné, ma mère et lui. S'il savait seulement ce que je peux m'en foutre, du certif ! Je pense quand même qu'il doit s'en douter. Mais c'est loin encore, aussi loin que l'été. Et, dehors, c'est si définitivement gris et froid qu'il semble que le soleil ne reviendra plus jamais, jamais ces branches si noires et si aiguës sur le plomb du ciel ne pourront se recouvrir de feuilles.

« Psitt. »

Je me retourne en douceur.

Franck écrit de la main droite sur son cahier et me glisse de la gauche un papier plié en quatre que j'ouvre à tâtons, la main dans la case : *Qu'est-ce qu'on fait pour le raquète*?

Il n'a jamais de très bonnes notes en dictée, Franck. Une fois, il est passé au tableau et il a écrit un mot sans faute, on a tous applaudi spontanément.

Je déchire une feuille. Presque plus d'encre dans l'encrier, c'est tout séché dans le fond, ça forme une purée violette qui s'attache à la plume et me fait faire des taches. J'écris tout de même *Prévient les otres, on se retrouve à la récré*. Je chuchote au voisin :

« Fais passer derrière toi. »

Merde, je suis encore perdu avec tout ça. On peut difficilement être à la fois chef d'un réseau de vente clandestine et écolier attentif.

« M'sieur… »

Cette fois, le père Maillard double de volume ; très patient comme homme, mais il a dû dépasser ses possibilités.

« Ah ! non ! Tu ne vas pas me dire que tu es encore perdu.

— Si, un peu, c'est… enfin… après : « Dezomezédezois. »

Le coup de poing de Maillard fait trembler le bureau. Encore robuste, le maître.

« Jo, au piquet immédiatement. »

Et voilà, c'est comme ça que ça devait finir. Et en plus, maintenant, je vais avoir droit au sermon habituel sur les vertus du certificat d'études que je n'obtiendrai jamais si je ne fais pas un effort sérieux.

Il parle. Je prends l'air contrit et respectueux qui me permet de penser que je mettrai Jeannot près de la porte, là où le fusain est encore épais, et les autres en planque : un derrière la statue, le deuxième juste à l'angle pour qu'il puisse les prendre à revers, le troisième derrière le bac à sable, un dernier près du banc des pépés.

«… c'est bien compris, Joseph?

— Oui, m'sieur. »

Son œil se plisse. Une ride matoise se forme au coin de sa paupière.

« Répète ce que je viens de dire.

— Quand ça, m'sieur?

— A l'instant. »

Je cherche désespérément une parade.

« Euh!… j'ai… des soucis. »

Stupeur instantanée de Maillard, remous dans la salle. Ils s'imaginent peut-être que je vais parler du trafic, dénoncer Fouloche et tout ça. Erreur!

« Quelle sorte de soucis? »

Si seulement je le savais! Il faut avoir l'esprit rapide lorsqu'on est écolier, tout tourne à toute vitesse dans ma tête et les mots sortent tout seuls, d'eux-mêmes, comme des sortes de petits animaux indépendants.

« Mon père est malade. »

Pourquoi ai je dit cela? Tout de suite, je comprends l'énormité du mensonge et la somme absolument colossale d'ennuis que cela me réserve. En tout cas, pour Maillard, c'est la journée des surprises. Il plie les genoux, sidéré.

« Ton père!... Mais il est rentré?... Et tu appelles ça un souci? »

Je toussote.

Il semble horrifié.

« Oui, c'est qu'il est un peu malade... forcément.

— Oui, murmure Maillard, forcément. »

Jamais la classe n'a été aussi calme; s'il ne faisait pas si froid, les mouches voleraient.

« Et... il a été libéré par les Américains ou par les Russes? »

Pile ou face.

« Par les Russes.

— Ah! dit Maillard; quand est-il rentré?

— Hier, dis-je.

— Très bien, très bien, dit Maillard doucement, tu peux aller à ta place, Joseph. »

Les oreilles me cuisent. Je pensais, j'espérais que je ne rougirais plus de toute ma vie. Grosse erreur. Tous les yeux me regardent et je m'assois au milieu d'un silence de tombe... Mais qu'est-ce qui m'a pris de dire cela, qu'est-ce qui a bien pu me prendre?... La honte de ma vie et, en plus, par rapport à moi-même. Franck n'a plus l'air de savoir s'il doit me croire ou non... Il le sait bien pourtant, lui, que papa n'est jamais rentré, qu'il ne rentrera jamais et que je fais ce rêve. Souvent, j'entends la porte du magasin, je cours dans l'escalier et il est là, comme autrefois, derrière la vitre, je cours vers lui et les murs reculent, je pédale dans le vide, je rampe sur un sol qui se dérobe entre les pieds des fauteuils parmi les cheveux coupés. Il est très droit, le froid lui fait des joues rouges et sa moustache est si raide qu'elle semble givrée. J'arrive enfin tout près, j'appuie sur le bec-de-cane et il n'y a plus personne que le vent et une forme rayée qui tourne au coin de la rue. Je me réveille alors, ruisselant... Cela m'a passé depuis quelques mois, mais après mon retour ce rêve me poursuivait chaque nuit...

« Écrivez à présent : *Calcul.* Vous soulignerez à la règle et vous indiquez le titre de la leçon : *Les fractions. Réduction au même dénominateur.* »

Sur l'acier de la plume, l'encre sèche lentement et dépose une fumée noire et dense. Le rire d'autrefois sonne à mes oreilles, le rire d'avant 40, le rire dans les prairies après Meudon où il nous emmenait le lundi avec le panier à provisions en osier, le rire du temps où Auschwitz était un nom que nul encore n'avait prononcé.

« Quatre cinquièmes plus trois sixièmes égalent...

— M'sieur. »

Maillard s'interrompt, se détourne du tableau

où il vient de mouler son dernier chiffre et pose la craie sur le bureau. Il me regarde.

Je suis debout et j'ai tout oublié en cet instant : la boxe, Fouloche, le chewing-gum, le certificat, l'Amérique. Il n'y a plus au fond de mes oreilles que l'ancien rire du déporté.

Maillard se penche par-dessus son bureau et il me semble que ses yeux cherchent à lire quelque chose dans les miens…

« Qu'est-ce qu'il y a, Joseph?

— Je… C'est pas vrai. »

Les larmes ont brouillé un peu les choses et c'est peut-être à cause de cela que je vois sous la moustache grise du vieux maître d'école comme une sorte de sourire d'encouragement.

« Qu'est-ce qui n'est pas vrai, Joseph? »

Dans le poêle, le ronflement s'accentue puis s'apaise; dehors, les rafales de vent se sont tues.

« Pour mon père, ce n'est pas vrai. »

Il m'écoute, silencieux… Il ne m'aidera plus, il faut que cela sorte de moi-même.

« J'ai dit ça comme excuse, mais… il n'est pas rentré. »

Maillard a descendu les deux marches de l'estrade et s'arrête. Lorsqu'il est en colère, sa voix fait vibrer les murs; à présent, je l'entends à peine.

« Je sais, Joseph, je sais. »

Je baisse la tête : les lignes du bois de mon pupitre ondulent comme des serpents. Maillard remue soudain les épaules et, comme s'il soulevait toute la misère du monde, il remonte les marches, reprend la craie et en pose l'extrémité sur le dernier chiffre qu'il vient d'écrire.

« On reprend, dit-il. Alors, qu'est-ce que ça fait, quatre cinquièmes plus trois sixièmes? »

A partir de cet instant, une drôle d'idée me vient, même pas une idée d'ailleurs, une impression : c'est vrai que je m'en fous, de ce certif, aucune importance pour moi; ma vie est ailleurs; mais pour la première fois je me dis que si je l'ai ce serait pas mal pour une unique raison : pour le porter aux vieux Maillard, au vieux monsieur qui a passé sa vie à dire toujours la même chose tous les matins et qui a l'air si triste parfois, sans doute de ne pas avoir connu ce que je vais connaître : l'Amérique, le luxe, la gloire et tout et tout.

Oui, pour lui seul, ça me ferait plaisir.

8

L'après-midi du lundi, c'est la gym, et le prof de gym, c'est Pépète. Pourquoi Pépète, nul ne l'a jamais su. Il a la cinquantaine sautillante et j'aimerais savoir comment cet avorton que j'ai toujours vu emmitouflé dans des superpositions de pull-overs à col roulé a bien pu devenir prof de gym. Jamais personne ne l'a vu courir, sauter ou pratiquer le moindre exercice physique. Il indique de la voix et esquisse des quarts de geste. Lorsqu'il commande « saut en extension », il bouge légèrement l'index verticalement. Dans les exercices plus violents, il va jusqu'à mouvoir ses avant-bras. Le plus spectaculaire, ce sont les jours de pluie. L'école n'a pas de préau, nous prenons la flotte à pleins seaux, tandis qu'au centre de la cour, son parapluie d'une main, il mime de l'autre les mouvements à effectuer. Le dimanche, Pépète vend des chaussettes sur le marché de la rue du Poteau pour arrondir ses fins de mois ; là, c'est tout autre chose, il fonce de sa charrette à son étalage, cavale après les clientes et se dépense sans compter. Le lendemain, imperturbable, figé au milieu de la cour sous ses couches de lainages protecteurs, il nous fait faire des abdominaux en croisant alternativement l'index et le majeur des deux mains.

En tout cas, aujourd'hui, je me donne à fond. S'il y a de la bagarre au square, je serai tout échauffé, en pleine forme.

« Attention : un, deux, un, deux, grenouille, un, deux, un, deux, grenouille. »

Recroquevillé, je m'élance, me recroqueville. Franck ahane devant moi, ses jambes, allumettes blanchâtres, jaillissent toutes droites de ses chaussettes en accordéon. Le froid marbre nos peaux de mal-nourris.

« Repos, dit Pépète. Tournez autour de la cour en respirant à fond et en marchant. »

C'est l'exercice qu'il affectionne. Parfois nous tournons pendant une demi-heure, tandis qu'il s'installe sur un pliant. Il lui arrive aussi de lire le journal.

Je marche avec Zatim et Franck et les mets au courant de mes projets.

« Tu crois qu'il va y avoir des coups? demande Franck.

— Ça m'étonnerait pas. Mais si on est cinq il y a moins de risques. »

Il n'a pas l'air très chaud et son acquiescement semble comporter pas mal de nuances.

« Tu n'as pas les chocottes quand même? demande Zatim.

— Si », dit Franck.

Ça, c'est une des raisons pour lesquelles je l'aime bien. Tous les gars de notre âge roulent des mécaniques et jouent les Gary Cooper, mais Franck m'étonne toujours, j'apprécie de l'entendre avouer si ingénument qu'il n'est pas un héros. Pourtant, avec la guerre proche et les films hollywoodiens, la mode est aux héros, cela ne fait aucun doute.

Je leur expose mon plan et tous sont d'accord. C'est vrai qu'on ne peut pas se faire posséder par un Fouloche.

La promenade s'éternise. Si seulement il y

avait un stade, on pourrait jouer au ballon, mais c'est trop loin et impossible de faire du foot dans la cour : les vitres ne dureraient pas longtemps.

Au centre, Pépète bâille, replie son canard, jette un œil sur sa montre.

« Rhabillez-vous, les gars, et vite fait. »

Et voilà, terminé pour la gymnastique. Si je n'en faisais pas chez moi, dans ma chambre, et à la salle de boxe, ce ne sont pas les cours à Pépète qui me fileraient des biceps.

Je boutonne mon blouson et tire sur mes chaussettes.

« Alors, vous avez bien compris? Toi, t'es derrière les fusains, toi...

— On prend des armes? On pourrait déclouer des planches des palissades?

— C'est vrai, dit Zatim, et on laisserait les clous. »

Je lève une main pacifique comme Jules César devant je ne sais plus qui :

« On verra. Au début, vous surveillez, c'est tout. Vous foncerez seulement quand je crierai.

— Quand tu crieras quoi?

— Quand je crierai... »

J'ai fini de lire Les *Trois Mousquetaires* et *Vingt Ans après* depuis deux jours, j'ai été frappé par le chapitre où d'Artagnan, pour sauver le roi, use d'un mot de passe pour que ses amis interviennent et se lancent dans la mêlée. C'est fantastique, ce bouquin, plein d'épées, de chevaux, d'amitié, de…

« Quand je crierai : "Jésus-Seigneur !" »

Silence. Ils me regardent tous d'un drôle d'air.

« C'est marrant, dit Franck, j'étais persuadé que tu étais juif.

— C'est dans un bouquin. »

Zatim ricane.

« Faut pas faire attention, c'est un littéraire, le gars Joseph.

— C'est ça, dis-je, t'as mis dans le mille. Allez, cassez-vous ; moi, j'arrive le der, mine de rien. »

Je les ai vus filocher le long des murs dans la nuit qui venait et cela m'a fait drôle soudain d'être seul.

Oui, peut-être est-ce cela qu'entre Abilene et Kansas City éprouvent les cavaliers qui peuplent nos écrans, des solitaires, des durs, des desperados.

Je suis étonné de ma propre attitude : je vais seul à la rencontre de Fouloche, après tout, comme au Texas, face à face.

Marche doucement, Jo, les pieds bien à plat, calme, sûr de toi. Il faut vaincre ou mourir.

Mourir pour un chewing-gum.

Terrible trajet… Il y a beaucoup de chantiers

que la guerre a arrêtés, et puis les rues sont vides, trois voitures sur un trottoir, rescapées des réquisitions. Quelques vélos passent, on entend, rue Marcadet, un camion à gazogène... Paris est silencieux encore. Les néons débutent, mais ils ne sont pas encore arrivés par ici; ils éclatent, violets, jaunes et rouges, dans les beaux quartiers; les gens s'arrêtent pour voir ces bandes de lumières qui s'allument en retard, avec des sautillements, comme s'il y avait des ratés dans la technique...

Après tout, peut-être n'y aura-t-il pas de bagarre; il a peut-être la trouille ou bien il comprendra qu'il n'est pas le plus fort; il peut changer d'avis, Fouloche, c'est un type pas bête après tout et...

Plus le square approche, plus je cherche à me rassurer. J'espère que les copains sont bien planqués. Pas le temps de m'en assurer. J'espère qu'ils ne vont pas me faire une vacherie et rentrer peinards chez eux pendant que je me fais cogner à un contre cent. Non! là, c'est pas concevable!

M'y voici.

Fermé à cette heure! Je passe la grille d'un ciseau sportif. C'est pas Pépète qui ferait ça!

Tout est vide. On distingue à peine les allées, plus claires. L'éclairage laisse à désirer dans le quartier.

En retard, l'adversaire est en retard. Ce petit con n'a même pas la courtoisie de se faire tabasser à l'heure. Décidément, il n'y a plus aucune moralité. Bon sang! Qu'il fait froid, tout seul dans ce coin perdu, cerné de ténèbres...

Et s'il ne venait pas?

Et s'il s'était douté de quelque chose? Si j'avais un traître dans la bande? Tout est possible! Pas Franck bien sûr, ni Jeannot, mais avec les autres on ne peut pas savoir; avec cinquante chewing-gums ou cinq paquets de pipes, on peut acheter bien des consciences.

Garde ton calme, Jo, respire à fond, pense à autre chose. A la farine, par exemple; j'ai déjà posé des jalons avec le boulanger du coin et...

Ça a remué sur la gauche.

Doucement, mon estomac se retourne puis revient à sa place. Je sais ce que c'est, ça s'appelle la pétoche.

« Psst... Jo... »

Quel idiot je suis! C'est Jeannot le gitan qui doit commencer à attraper des courbatures.

« Qu'est-ce qu'il fout? »

Son chuchotement chatouille mes oreilles.

« Ferme-la. »

Pas de patience, ce bohémien de malheur.

Le froid grimpe le long de mes mollets. Je ne sens plus mes orteils. Au fond, s'il y avait de la bagarre, ça me réchaufferait.

Et brusquement le gravier crisse là-bas… C'est lui. Ce ne peut être que lui… Je distingue mal…

Ce n'est pas lui, ce sont eux.

Fouloche au milieu et deux mastards de chaque côté. Le béret jusqu'aux sourcils, deux costauds de la rue Coysevox.

Fouloche se plante.

« Alors, caïd, t'es venu seul ? »

J'écarte les bras comme si j'avais un colt à chaque hanche.

« Tu vois. »

Il sourit.

« Eh bien, ça prouve que t'es encore plus con que t'en as l'air »

Il se campe triomphant et ajoute :

« Nous, on est trois.

— T'es drôlement rusé, Fouloche. J'aurais pas pensé à ça. »

Je sens qu'il scrute l'obscurité pour tenter de discerner l'expression de mon visage. Je sens un peu d'inquiétude poindre chez ce racketteur minable. Ça doit lui sembler trop beau de ma part, cette obéissance, cette soumission subite… Il lui faut en avoir le cœur net.

« Alors, qu'est-ce que t'as décidé ? »

Je me sens tout calme maintenant que c'est parti. Et puis, cinq contre trois, y a pas de risque. Si tout marche comme prévu, il va avoir sa punition, le racketteur, une punition à laquelle il ne s'attend pas, qu'il ne peut même pas imaginer, ce rigolo.

J'ai envie quand même de faire traîner un peu, pas trop mais un peu.

« Qu'est-ce qui arrive, au fait, si on tombe pas d'accord? »

Ils rigolent tous les trois. Ils se sont peu manifestés, les gardes du corps, jusqu'à présent. Ils doivent sortir d'un film du début du siècle : ils ne sont pas encore parlants.

« D'abord, t'auras des bosses et tes copains avec et je peux tout raconter à mon père et tu sais ce qui arrivera. »

Un salaud, le Fouloche, pas d'autres mots à dire. Son père va le dire au dirlo, le dirlo fera venir maman et adieu les gants de boxe et les grands projets... La colère me grimpe du fond du ventre. Ça part de loin, la colère, et plus ça part de loin, plus ça pète fort, mais je sais aussi que la grande force c'est de ne rien montrer.

« Dis donc, Fouloche, c'est le proprio de l'école, ton paternel? Je croyais que c'était écrit en grand au-dessus de la porte : communale. »

J'ai chaud aux oreilles malgré la température. C'est la première fois que j'ai aussi chaud depuis longtemps. Ça ne doit pas être le cas des autres, qui doivent sacrément cailler des meules. Il est

peut-être temps de leur donner un peu d'activité si je ne veux pas les retrouver avec des glaçons dans les oreilles. Les voix portent loin dans le noir, le silence est presque total dans ce fond de square et les façades des maisons jouent le rôle de falaises, amplifient les voix.

En avant, d'Artagnan. Je laisse traîner ma voix :

« Bon, ben..., tout réfléchi, c'est non. »

Silence. Un des deux costauds fait un petit bruit de chèvre. Ce doit être sa façon de rire.

« Tu es certain que c'est non ?

— Certain !

— Bien certain ?

— Bien certain ! »

Fouloche croise les bras et ouvre la bouche.

« Ah ! dit-il.

— Voilà, voilà, dis-je.

— Très bien, dit-il, eh bien, on va commencer la punition.

— Intéressant. »

L'autre gorille se frotte les mains, cela fait un bruit de feuille sèche qui résonne.

« On va te dérouiller, dit Fouloche presque gentiment. Après, tu verras, t'auras pas les mêmes idées. »

Lentement, ils s'ébranlent vers moi.

« T'as la trouille, p'tit gars ? demande le costaud à voix de chèvre.

— Terrible, dis-je. Jésus-Seigneur ! »

Je suis près d'eux. Je suis en cette seconde le plus grand général de tous les temps : Bonaparte + César + Eisenhower.

Ils forment le cercle et entourent Fouloche et ses hommes. Ils ont jailli comme des ombres.

« Tiens, des copains, dis-je... Ils passaient par là.

— C'est vrai, dit-il, il fait tellement bon.

— Maintenant, dis-je, on va régler le problème assez vite. »

C'est à mon tour de m'avancer, mais Fouloche lève une main apaisante.

« Attends, dit-il, il vaut mieux que tout le monde soit là. J'ai encore des copains dans le secteur. »

Il siffle un grand coup et d'autres ombres sortent, encore plus silencieuses. J'ai l'impression subite que Bonaparte, César et Eisenhower sont quand même de meilleurs généraux que moi. Je n'oublierai pas la leçon : on ne voit jamais assez grand ! Six au moins. Moi qui croyais être le roi des malins en emmenant quatre mecs. On n'a pas l'avantage du nombre, mais Bonaparte ne l'avait pas non plus et il gagnait toujours et s'il gagnait toujours c'est parce qu'il frappait le premier. Comme Joe Louis. Et ce soir, je suis Bonaparte et Joe Louis.

La distance est la bonne. Je mets le paquet : tout dans l'épaule et en pivotant sur la hanche. Mon poing a craqué contre ce qui doit être son pif et Fouloche s'est envolé d'un coup. Comme je suis en position, l'autre bras part et un des costauds prend la belle pêche. Avant que le deuxième me fonce dessus, j'ai le temps de voir Jeannot en chaussettes, une galoche dans chaque main, qui s'en paie deux d'un coup, à la façon gitane, et la guerre éclate pire qu'à Stalingrad.

Je vois tout s'éclairer en même temps que ça sonne derrière mes oreilles, mais j'ai un gros devant et je ne me retourne pas, il me fonce dans le bide et j'ai la baraka, je lève le genou juste quand il faut pour qu'il rencontre son menton ; le gros continue la trajectoire et se scratche en omelette. Partout ça châtaigne ferme. Je suis toujours groggy et il y a un traître qui me fait une clef au bras par-derrière. Je pense que je suis foutu, mais il pousse un hurlement, lâche tout, et se met à courir autour du square en se tenant les fesses à deux mains.

Franck est derrière moi et le regarde.

« Encore un porte-plume de foutu, murmure-t-il.

— Si tu ne le plantais pas si fort, dis-je, tu pourrais le récupérer. »

C'est à ce moment-là que je comprends que,

malgré notre faiblesse en nombre, nous gagnons.

Fouloche knock-out dès la première seconde, ça leur a quand même rudement sapé le moral. C'est comme au foot quand une équipe prend un but au début du match : c'est dur à remonter. Le K.O. à froid !

On s'assoit en haletant. J'ai mal partout. Une de mes gencives doit saignoter, cela me fait un goût fade et chaud dans la bouche.

Franck se tâte le tibia, chaussette baissée.

« Regardez ça, les mecs, cette bosse : il cherchait à me fracturer, le mec ! »

Zatim se frotte la mâchoire.

« J'ai pris un beau direct, mais j'en ai assaisonné deux. »

On se regarde, tout heureux.

« C'est dommage qu'on n'ait pas de drapeau, dit Franck.

— Ouais, mais on a des chewing-gums. »

On mâche sous la lune et soudain, derrière nous, il y a un bruit dans le bac à sable.

« Hé ! les mecs, vous vous grouillez ? Je le tiens toujours, moi, j'en ai marre ! »

On sursaute tous : c'est Nakache.

Et sous Nakache, la tête pleine de sable, se débattant mollement, il y a Fouloche. On l'a oublié, celui-là, dans l'euphorie.

On l'entoure, perplexes.

« Qu'est-ce qu'on en fait? » demande Marcel.

Il nous suit de l'œil, pas faraud du tout, le gars Fouloche ; il a peur qu'on le fusille à l'aube.

Franck salive.

« On va le torturer, je connais des trucs. »

J'étends les bras, magnanime et pacificateur.

« Pas de violence. Une punition, c'est tout. »

Déçus, ils m'écoutent.

« On va voter : ou bien les couilles au Mercurochrome, ou...

— C'est banal, remarque Nakache, et puis ça se voit pas, et si ça se voit pas c'est pas la peine.

— C'est vrai, dit Franck, et puis ce salaud est capable de se les laver en arrivant. Remarque, c'est dur à effacer...

— Ou alors, interrompt Jeannot, faut le laisser partir cul nu.

— On verra rien quand même, dit Zatim, il fait nuit. »

Murmures. La remarque porte, cela ne fait aucun doute.

« Et puis, ajoute Franck, avec la température, il pourrait s'enrhumer. »

Jeannot ricane.

« Fesses bleues et couilles rouges, ça doit valoir le coup d'être vu ! »

J'interviens :

« Il y a une autre solution : on lui fait la coupe maison.

— Qu'est-ce que t'appelles la coupe maison ? »

Il est lourd, le gars Nakache, quand il s'y met. Fouloche est moins lourd sans doute : il comprend du premier coup. Avec l'énergie du désespoir, il désarçonne son gardien, sprinte vers les grilles ; on est tous sur lui déjà.

« Déconnez pas, les mecs, eh ! les mecs, eh, déconnez pas, quoi… »

Il est prêt à supplier, le faux caïd.

Je fouille dans mon blouson. Elle est là : la vraie tondeuse à gazon, une américaine, une double 40, tous les spécialistes connaissent, on ne fait pas plus gros ; le modèle au-dessus, c'est la moissonneuse.

« Tenez-le bien. »

En plus on n'y voit pas grand-chose, mais tant pis…

Ça fait un sillon sous la lune. Lorsque je dis un sillon, le terme est inexact, c'est une tranchée.

« Qu'est-ce qu'il a de beaux cheveux ! » souffle Franck.

J'entame la deuxième tonte perpendiculaire à la première.

« Remarque, constate Zatim, une coupe comme ça, ça fortifie, ils repousseront encore plus bouclés. »

On sent comme un regret dans sa voix.

« C'est vrai, rajoute Nakache, finalement on lui rend service.

— Il dira même pas merci, dis-je, je suis prêt à le parier. »

Deux coups en diagonale, et c'est fini. Il reste juste une touffe sur le devant, à l'iroquoise. Fouloche s'est redressé.

« Tu peux presque faire une frange », dit Franck.

Je range la tondeuse et je regarde fuir l'ennemi.

On s'est séparés à l'angle de la rue.

En rentrant à la maison, épaule contre épaule, Franck murmure :

« L'ennui, c'est que ça repousse... »

Avant que j'aie le temps de répondre, je remarque la silhouette devant le magasin, je la reconnais tout de suite. Franck aussi, parce qu'on court vers elle.

Greenbaum nous serre les mains, il y a quelque chose dans son regard qui me fait comprendre que ça ne tourne pas rond.

« Je pars, Jo. État-Major à Strasbourg, demain matin. »

Il a l'air d'avoir de la peine et j'en ai aussi.

Elle m'a pris à la gorge, violemment : ainsi, je ne verrai plus le petit soldat de quatre sous aux yeux tristes.

Nous restons là, tous les trois, à nous dandiner. La vitrine éclaire faiblement la rue. Franck réagit le premier, timidement... Ce n'est pas l'important pour lui non plus, mais il faut bien en parler.

« Et pour le chewing-gum, c'est râpé? »

Greenbaum hausse les épaules. Bien sûr que c'est râpé, le coup de la farine aussi, d'ailleurs. C'est pour une prochaine fois, les rêves de grandeur.

Et tout à coup l'idée me frappe :

« Merde, mais alors... on s'est battus pour rien? »

Franck a sursauté également. Et Fouloche qui doit cavaler encore, le crâne rasé!

« On se bat pour rien toujours », dit l'Américain.

C'est vrai peut-être, tout ce bruit, cette fureur, ces coups de poing pour du chewing-gum qui n'existe même pas! Je commence à comprendre la vanité des choses.

« Quelle heure il est? »

Greenbaum a dégagé la manche de sa vareuse et l'acier de la montre brille dans l'obscurité.

« Vingt-cinq moins dix-neuf. »

On se met à rire. Cela veut dire dix-huit heures trente-cinq. Dire l'heure en français, c'est une chose que Michael n'arrive pas à se mettre dans la tête.

On a des devoirs, une pleine page de verbes à conjuguer, mais ça m'embête de quitter mon copain si vite. Il est venu de loin et on ne se reverra sans doute plus.

« On a encore un peu de temps, dis-je, on peut aller chez Marco. »

Il nous reste, en effet, peu de temps à être ensemble : le temps d'un baby-foot.

9

Pâques est venu, on a rayé les jours sur le calendrier et ça y est quand même : c'est comme ça qu'on vieillit bêtement, en rayant les jours de notre vie. Quelques-uns partent en vacances. Pour nous, pas de bains de mer, on ira faire quelques petites trempettes le dimanche entre Alfortville et Charenton, à l'endroit où la Marne se jette dans la Seine ; il y a des îles encore vertes, des berges à chardons et des guinguettes en bois où l'on peut boire de la limonade et rouler les mécaniques en maillot de bain tout en lorgnant les filles.

Elles commencent drôlement à compter, les filles. Il faut dire que contre les chambranles de la porte de la cuisine il y a des traits au crayon qui montent de plus en plus haut ; le dernier date de la semaine dernière : un mètre soixante-dix. C'est ma taille.

Pas mal de copains s'en vont : ils ont des grands-mères à la campagne. J'ai toujours du mal à penser qu'une grand-mère puisse ne pas vivre à la campagne. Nous restons quelques-uns de la communale à traîner dans les rues : Franck est là encore et Jeannot quand il quitte son atelier. Zatim est dans la Nièvre. On sort aussi avec Bergolin, un de l'ancien réseau de chewing-gum. Bergolin le Scaphandrier. Un minuscule rigolo, l'homme le plus myope que j'aie rencontré… Le plus souvent, nous montons sur la butte, la place du Tertre grouille de G.I., de Parigots qui retrouvent l'habitude de se promener… Et puis il fait beau en ce printemps. Paris ressemble à ses cartes postales : le Sacré-Cœur blanc sur fond de ciel bleu, les toits en contrebas, le vert des marronniers et nous, la bande de Clignancourt, installés à *La Crémaillère*, avec Gaston qui passe les demis par-dessus les têtes en aspergeant les tablées de mousse et le patron qui lit des bouquins de Marcel Aymé, un du quartier...

Dimanche de Quasimodo. Il y a déjà des relents de flonflons rue de l'Abreuvoir et les bistrots accrochent les premiers lampions dans les jardins. Il y a un monde fou à *La Crémaillère* ; on s'y est retrouvés, Franck, Jeannot, Bergolin et moi...

« Je te jure, explique Franck, c'est vrai, c'est dans le dictionnaire médical : si tu baises trop, ça se porte sur la colonne vertébrale, tout le calcium et tout ça, ça fond comme de la margarine et le mec devient tout mou comme un chiffon. »

Horrifié, Jeannot le regarde.

« C'est pas vrai ! tout mou ? on dit jamais ça chez les gitans.

— Tout mou, assure Franck, la colonne comme une ficelle. Le type se tient plus debout, il s'écroule.

— T'exagères, dit Bergolin.

— J'exagère ! s'exclame Franck. Je t'apporterai mon dico, tu verras si j'exagère. Ça porte des noms compliqués, mais tu comprends quand même.

— C'est ça, dis-je, à la bonne vôtre. »

Le soleil pétille à travers les verres de limonade. Dans le fond de la salle, les G.I. font danser des filles, leurs robes sont longues, presque jusqu'aux chevilles, c'est le nouveau style : le new-look. Ça aussi, ça vient d'Amérique. Le bal continue sur la terrasse ombragée de vieilles vignes. C'est vrai que l'on fait du vin par ici. Il reste un dernier carré devant la rue Saint-Vincent. Les tangos marchent fort, quelques swings, des slows, des pasos, des rumbas ; les valses se font plus rares : on rentre dans un monde nouveau.

« Moi, confie Jeannot, je connais une fille qui voudrait vachement si je voudrais aussi.

— Et alors, dit Franck, pourquoi tu veux pas ? »

Geste vague de Jeannot.

« C'est pas propre. »

Bergolin tourne vers lui ses hublots.

« Qu'est-ce qui est pas propre ?

— L'amour. »

Méditation intense. Je trouve que Jeannot n'est pas bien propre non plus avec ses cheveux noirs jamais lavés, ses vêtements plus que douteux… L'accordéon joue *C'est une fleur de Paris,* le dernier succès de Jacques Hélian.

« Ça dépend qui le fait », dit Franck.

Soupirs divers.

« Je vais pisser », annonce Bergolin.

Il disparaît et Franck m'agrippe le bras, renversant à moitié son verre.

« On lui fait une blague? »

Je ne suis pas chaud. C'est tellement facile de faire une blague au Scaphandrier qu'elle est rarement drôle.

« Oh! oui, jubile Jeannot; allez, Jo, quoi! merde, on peut bien rigoler un peu, non, quoi! merde...

— C'est parce que c'est un brave mec, alors vous poussez...

— Allez, quoi!... merde, dit Jeannot.

— Juste un coup, dit Franck, pas une grosse blague.

— Allez, quoi!... merde, dit Jeannot.

— Jeannot, tu pourrais pas dire autre chose que "allez quoi... merde"?

— Allez, quoi!... merde », dit Jeannot, sur sa lancée.

Ils me cassent les pieds tous les deux. Enfin, ce n'est jamais vraiment méchant.

« Alors, Franck, qu'est-ce que tu proposes? »

Franck se frotte les mains et prend un air de super-intellectuel.

« On lui dit qu'il a un ticket avec une fille devant, O.K.?

— Qu'est-ce qu'il y a de drôle? » demande Jeannot.

Je tire sur ma Lucky. Je ne devrais plus fumer, c'est mauvais pour l'entraînement. L'entraîneur me voyant, ça chaufferait pour mon matricule, mais trois ou quatre le dimanche, c'est tout de même pas ça qui va me couper le souffle.

— Eh ben, poursuit Franck, à la place où on lui dit qu'est la fille, il y a... il y a lui, par exemple. »

Je regarde : Franck désigne un géant roux couvert de taches de son, opéré d'un bec-de-lièvre et aux pattes d'étrangleur.

Jeannot commence à pouffer. Il lui en faut toujours très peu.

« Terrible, ahane-t-il, *absolutely* terrible.

— Ferme ça, le voilà. »

Il arrive en effet, tâtonnant entre les tables. Un dixième d'acuité visuelle à chaque œil, et encore il faut que le temps soit clair. Aucune créature humaine n'a jamais porté des verres comme les siens : deux culs de bouteille qui expliquent son surnom, « le Scaphandrier ».

Il s'assoit à une table à côté, s'aperçoit que ce n'est pas la bonne et reprend sa place au radar.

Il n'a pas posé ses fesses sur la chaise paillée que Franck attaque d'entrée. Ce n'est pas le type à laisser moisir longtemps ce qu'il a dans la tête.

« T'as un ticket, Bergolin. »

Interloqué, Bergolin se redresse, tourne à la pivoine et chuchote :

« Où ça, où ça, où ça? »

Jeannot glousse.

« Juste devant, la petite brune. »

La sueur perle au front de Bergolin, qui proteste mollement :

« Déconnez pas, les mecs… »

Visiblement, il ne demande qu'à être persuadé.

« On déconne pas, mon pote, on préférerait que ce soit nous qu'elle regarde, on est sympas de te prévenir, mais tu fais ce que tu veux, mon gars, t'es vacciné… »

Bergolin plaque la paume de sa main sur le derrière de son crâne pour écraser l'épi qui se redresse en plumet de hussard de la garde.

« Bon Dieu! Comment elle est, Jo, comment elle est? »

Il me demande à moi parce qu'il a davantage confiance. Il a bien tort. Je me sens tout salaud, mais les deux autres rigolos me fusillent déjà du regard. Allons-y de ma petite description :

« Mignonne, avec un nez en trompette. Simone Simon… »

C'est inutile de faire des comparaisons cinématographiques. Bergolin n'y va jamais, au cinéma : il ne verrait pas l'écran.

Ses yeux papillonnent fébrilement derrière ses verres.

« Je m'en fous, de son nez, son cul, comment il est, son cul ? »

Franck semble choqué.

« Elle est assise dessus, on peut pas te dire ; la poitrine est terrible. »

Bergolin frémit comme un arc tendu.

« Vraiment terrible ?

— Pire ! s'exclame Jeannot.

— Bon Dieu de bon Dieu », souffle Bergolin.

Il prend sa respiration.

« Et vous êtes vraiment sûrs que c'est moi qu'elle regarde ?

— Évident, dit Jeannot, on n'est quand même pas complètement miro. »

Je lui balance un shoot dans les tibias tandis que Bergolin tâtonne sur la table à la recherche de son verre de limonade. Il semble avoir très chaud. Très, très chaud.

« Qu'est-ce que je fais, les mecs ? murmure-t-il.

— T'as pas le droit de te tirer, mon pote ; attaque, vas-y, attaque ; hein, Jo, qu'il faut qu'il attaque ?

— Attaque », dis-je mollement.

Perdu, Bergolin se tourne vers moi, son épi rebique tout droit, en pinceau. Il est vert de trouille. Il chevrote :

« J'attaque !

— Attaque », dit Franck.

Le poing de Bergolin heurte la table. Il est décidé.

« J'attaque ! »

Cette fois, il a l'air de vouloir attaquer.

Il raplatit une fois de plus son épi et demande :

« Comment vous feriez, vous, pour attaquer? »

Franck et Jeannot gémissent.

« T'es vraiment con quand même! Quand une fille te fait de l'œil et que t'es dans un bal, qu'est-ce que tu fais, à ton avis ? »

Bergolin fronce les sourcils, se gratte le front, réfléchit un quart de minute et articule :

« Je l'invite à danser. »

Jeannot se renverse sur sa chaise.

« Eh bien, voilà, dit-il, tu vois bien que tu as trouvé tout seul! »

Bergolin sourit.

« Magne-toi, dit Franck ; si tu continues à discuter, tu vas te la faire soulever. »

Rire intempestif de Jeannot. Il faut dire que l'idée de soulever ce rouquin de cent vingt kilos est assez intéressante.

« Il y a un problème », dit Bergolin.

C'est au tour de Franck de taper sur la table.

« T'es vraiment énervant ; qu'est-ce qu'il y a encore ? »

Bergolin baisse les yeux.

« Je ne sais pas danser. »

Franck lève les bras au ciel.

« Mais moi non plus, je ne sais pas danser, mais elle s'en fout pas mal, c'est pas ça qu'elle veut, ça se voit bien, grouille-toi, elle s'impatiente ! Et puis, un slow, tout le monde peut le danser. Il suffit de se tenir serrés et de marcher sur place. »

La dernière remarque a secoué Bergolin. Il sent que la mignonne peut lui échapper. Il se penche vers elle par-dessus la table et plisse les yeux au maximum pour tenter de percer tout ce flou qui l'environne, pour discerner cette silhouette plantureuse qu'il imagine, cette brune aguichante et alanguie, ces seins dont il rêve les nuits.

« J'y vais ! »

Les autres poussent un « ouf ». Il s'est levé.

Il se rassoit, les jambes coupées.

« Fonce, dit Jeannot, elle va se tirer. »

Catastrophe ! Bergolin se relève, rentre dans un couple de danseurs, frôle une table, évite une colonne, bute contre la table du rouquin, ferme les yeux pour concentrer toute sa volonté et s'exclame d'une traite :

« Voulez-vous, mademoiselle, m'accorder cette danse ? »

A côté de moi, les deux zigotos explosent de rire.

Le rouquin se soulève de la banquette. On dirait un char d'assaut qui s'ébranle.

« Qu'est-ce que t'as dit? »

Bergolin panique légèrement. Tout le monde dans sa situation battrait en retraite, s'excuserait, il n'aurait qu'un mot à dire, mais pour cela il ne faudrait pas qu'il soit le plus orgueilleux des gamins de la communale. Le plus orgueilleux et le plus têtu. Jamais il ne prétendra s'être trompé pour cause de myopie. Il préférera se faire hacher en morceaux et, d'après la tête et la carrure de l'adversaire, c'est ce qui va se passer dans les dix secondes qui viennent.

« Répète un peu ce que t'as dit? »

Bergolin tousse et trouve une assez bonne parade.

« C'est un pari, dit-il, avec les copains là-bas, ils ont parié que je ne le ferai pas.

— Que tu feras pas quoi?

— Que je ne vous inviterai pas à danser. »

Lentement, la masse humaine se tourne vers nous. De face, il ressemble davantage encore à un navire de guerre.

« Bon Dieu, chuchote Franck, ça va nous retomber dessus. T'as vu le morceau? »

Mais le rouquin nous abandonne du regard et revient sur Bergolin.

« Et alors maintenant, dit-il, t'as gagné ton pari?

— Euh!... oui. »

Le rouquin a un sourire qui grince comme une porte de service.

« Pas encore, dit-il, on n'a pas dansé. »

Bergolin se fige.

« Je comprends pas, dit-il.

— Oui, dit le gros, on va aller se payer un petit slow discret dans la cour, derrière, tu vois ce que je veux dire? »

Machinalement, Bergolin tente de raplatir son épi qui se redresse.

« Pas très bien...

— Sors, si t'es pas un dégonflé, et tu vas comprendre. »

Bergolin est un dégonflé. C'est même le roi des dégonflés. Mais il est encore plus orgueilleux que dégonflé et, pour démontrer qu'il n'a pas peur, il serait capable d'affronter un escadron d'haltérophiles en plus de ce gros lard.

« Je suis pas un dégonflé, souffle Bergolin.

— Alors on y va. »

De la place où je suis, malgré ses pantalons, je vois les genoux de notre copain s'entrechoquer.

« Vingt dieux! murmure Franck, ça va être un massacre. »

Ça, c'est certain, il doit bien y avoir cinquante kilos de différence entre les deux. Joe Louis contre un sous-poids mouche.

« On ne peut pas laisser faire ça, dit Jeannot; trouve quelque chose, Jo. »

Et voilà, toujours la même chanson. Ils montent des histoires ineptes, des blagues stupides, et il faut que je répare les pots cassés.

Je me lève. Je les sens derrière moi qui me suivent des yeux. Bergolin est déjà sorti, je chipe le gros par la manche.

« Eh! dites donc... »

Il se retourne, rapide. Au mouvement, on sent qu'il est sportif. C'est un faux gros, en plus. Des poings en enclume.

« Qu'est-ce que tu veux, p'tit gars? »

Je me recroqueville.

« Vous... Vous allez pas vous bagarrer avec ce type? »

Il respire et les muscles roulent sous la graisse. Cette fois, il me fait penser à l'océan Atlantique.

« Pourquoi je me bagarrerais pas avec lui?

— Parce qu'il est myope, dis-je, il ne voit pas un éléphant à un mètre. »

Le gros tique.

« C'est vrai?

— Vous n'avez pas vu ses verres? »

Perplexe, le gros se dandine. Je sens qu'il faiblit, il a l'air moins flambant, moins guerrier dévastateur. C'est peut-être un chic type.

« Il l'a pas fait exprès pour se foutre de vous, il vous a vraiment pris pour une nana. »

Un doute fugitif passe sur le front bas.

« Pourtant, dit-il, il y a une différence.

— Bien d'accord avec vous, mais pas pour lui, et comme il a sa fierté il ne veut pas avouer qu'il s'est trompé. »

Grognement. Je sens que c'est dans la poche, encore un petit effort et il change d'avis.

« Vous pesez plus lourd que lui, il est tout jeune, il voit rien, vous pouvez pas faire ça parce que vous avez l'air gentil. »

Là, j'exagère un peu, mais c'est pour une bonne cause.

« D'accord, dit-il, j'vais lui dire que j'lui en veux pas. »

Il disparaît et je retourne à la table où ils continuent à m'attendre, vaguement anxieux.

« Alors, demande Jeannot, c'est le massacre? »

Franck tend l'oreille, sans doute pour saisir le heurt des coups de poing.

J'ouvre la bouche pour leur expliquer que tout est réglé pour le mieux, qu'il n'y a pas lieu de s'inquiéter, lorsque la porte du jardin s'ouvre.

Jeannot happe mon avant-bras.

« Regarde… Tu vois ce que je vois? »

Lentement, Bergolin paraît. De ses deux

mains, il remonte son pantalon et fiche les deux pouces dans sa ceinture.

Jeannot, stupéfait, ouvre une bouche qui grandit au fur et à mesure de l'approche de son copain. Bergolin tâtonne, louvoie, puis, sans un mot d'explication, s'assoit à sa place et, aussi désinvolte qu'il peut l'être, il finit sa limonade.

« Un peu chaud pour la saison », dit-il.

Franck s'approche et chuchote :

« Vous vous êtes pas bagarrés ? »

Bergolin se renverse sur sa chaise et gonfle son thorax de limande-sole.

« Il s'est dégonflé », dit-il.

Je n'ai jamais vu autant de stupéfaction se peindre sur deux visages et je n'ai pas le courage de donner la véritable version. Après tout, il le croit peut-être ; peut-être le croit-il encore, ce sacré Bergolin !

Ils sont partis tous les trois en direction du baby-foot et je ne les ai pas suivis. Pourtant, Bergolin au baby-foot, c'est un spectacle ! Mais je n'en ai pas envie aujourd'hui, peut-être que je grandis, que je deviens vieux... J'aimerais bien inviter l'une de ces jolies filles qui tournent ou qui boivent des boissons sucrées sous les charmilles, mais je ne sais pas très bien danser encore. Jeannot a promis de m'apprendre, mais il prétend n'avoir jamais le temps. Il danse, l'été surtout, derrière les fortifs. Il a un oncle qui joue de la guitare et tous les gitans tapent dans les mains. Un jour, il nous a fait une démonstration au square Lamarck. Il est fantastique, Jeannot, dans ces moments-là, on dirait un vrai matador...

Pour me dégourdir les jambes, je traverse la piste et entre à mon tour dans le jardin. C'est plus calme ici, des couples disséminés se tiennent les mains. Camille, le garçon, tire sur un mégot. Il est planqué derrière une colonne en faux marbre. Il y a un balcon de pierre avec de la mousse entre les blocs et, de là, on voit tout Paris étagé. Un homme se tient debout devant ; je m'approche, il s'écarte.

En s'écartant, il vient de dévoiler une toile sur un chevalet et je me fige.

Tout le monde qui m'entoure est là dans le rectangle : les grisettes, les truands, les soldats, l'orchestre et même Camille avec son mégot vissé à la lèvre. C'est fou ce qu'un petit tableau peut contenir de monde et de mouvement. Il n'y a pas que ça d'ailleurs. Il y a tout Paris en contrebas, les toits gris, et il y a le bout de l'horizon là-bas qui se perd dans la brume ou dans le ciel.

La peinture et moi, nous n'avons jamais eu de rencontre. L'instituteur nous a emmenés au

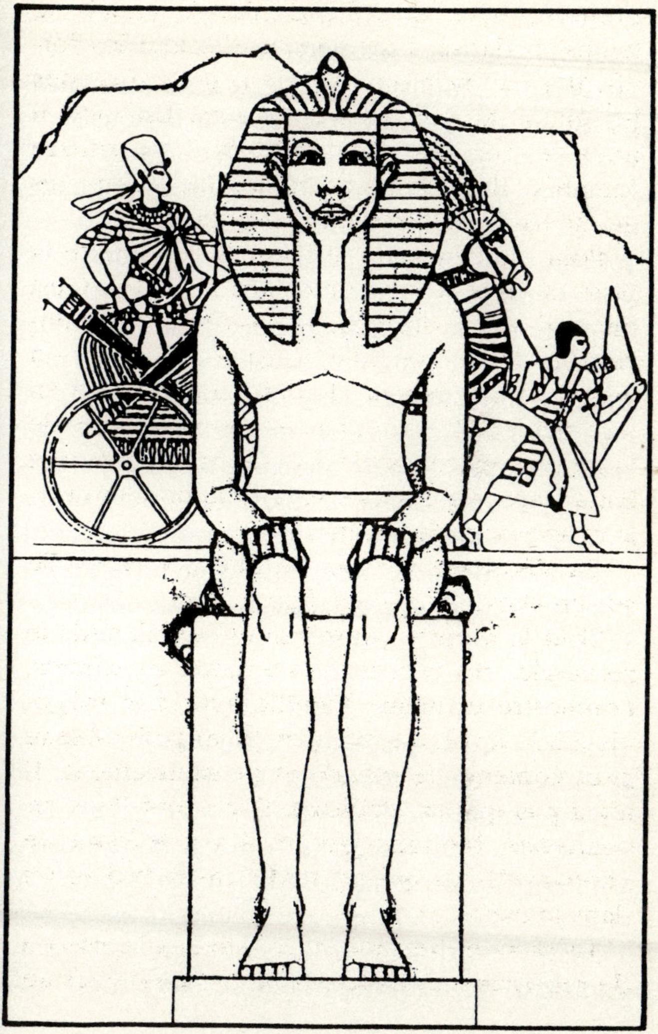

Louvre une fois. Je me souviens que le parquet était ciré, que les plafonds ressemblaient à de la crème Chantilly et que je m'étais demandé comment on pouvait peindre tout là-haut sans avoir le vertige. Après, avec Franck et Nakache, on avait fumé derrière un sarcophage de la Ve dynastie. Bien sûr, j'avais vu *La Joconde* qui m'avait paru un peu verdâtre et pas si souriante que ça. Je préférais nettement la fille de la boulangère comme type de femme. Bref, j'étais ressorti de cette visite pas plus éveillé à l'art pictural que lorsque j'y étais entré. Pourtant, il s'était donné beaucoup de mal, le maître, le père Maillard. Il avait cité des noms savants. Mais, à part trois ou quatre fayots groupés autour de lui qui feignaient l'admiration, toute la classe avait terminé en concours de glissades et avait dévalé les escaliers sans un regard pour les derniers primitifs italiens.

Pourtant, il y en a, des peintres, dans mon quartier ! Sur la place du Tertre surtout… Mais je déteste cela, parce qu'ils font toujours la même chose : le Sacré-Cœur vu à travers les petites rues. Il y en a un qui est fantastique, on l'appelle Alphonse. Il fait un tableau en un quart d'heure. Son gros problème, c'est le séchage. C'est que les soldats qui achètent pour ramener Montmartre dans le Wyoming ou l'Arkansas ne sont pas très regardants sur l'esthétique. Ce qui compte pour eux, c'est que l'on reconnaisse la basilique et qu'il y ait écrit en dessous : *Souvenir de Paris.* Alphonse fournit : il s'installe et peint à toute allure. Il ne peint jamais le ciel. C'est sa femme qui s'en charge à la maison. Elle a un grand pot de peinture bleue tout prêt pour ça. Pour vingt francs de plus, il rajoute des nuages, mais c'est exceptionnel. D'autres sont venus et dans toutes les rues, à chaque angle, rue des Saules en face du « Lapin à Gil », rue Saint-Vincent, rue Sainte-Rustique, rue Girardon, rue Ravignan, les artistes s'installent, serrés les uns contre les autres, comme dans le métro. Ils peignent à tour de bras pour les G.I. et les provinciaux qui reviennent voir la capitale, parce que peu à peu tout de même, malgré les restrictions, le tourisme reprend.

Les magasins sont à nouveau pleins et cela étonne ma mère qui pensait ne jamais les revoir ainsi ; peut-être seraient-ils plus pleins qu'avant la guerre bientôt... Mais là, dans cet après-midi de soleil, dans les accords d'un tango d'outre-Atlantique, je découvre que la peinture ce n'est pas exclusivement *La Joconde* ni la fabrication en série de basiliques sur fond de ripolin.

Ce qui me stupéfie dans ce tableau, plus que la vie, plus que ce mouvement de tous ces corps, plus que ce cadre mi-champêtre mi-citadin, c'est que l'on sent que c'est encore l'après-guerre, que, malgré la danse, la musique et la clarté du ciel, il y a sur tout cela comme une ombre qui plane encore, une nuée d'après l'orage qui n'a pas fini totalement d'assombrir la vie. Une nostalgie...

Le peintre me regarde et continue à peindre.

Fasciné, je recule de quelques pas pour ne pas le gêner. Je peux voir le pinceau tourner sur la palette sans la toucher, il semble que c'est lui qui hésite sur les couleurs et choisit enfin une touche infime.

Il se retourne.

« Tu aimes ça ? »

Il y a des sourires qui encouragent, celui-là en était un.

« Oui.

— Tu aimes la peinture ?

— Non. »

Il se met à rire, pose sa brosse et essuie ses doigts tachés à un chiffon qui pend de sa poche et qui est visiblement le vestige d'un vieux maillot de corps.

« Ça m'intéresse, dit-il. Si tu n'aimes pas la peinture, pourquoi t'es-tu arrêté ? »

Il m'embarrasse. En général, je n'ai pas ma

langue dans la poche, mais, subitement, je ne trouve plus mes mots… Comme il est soudain difficile d'exprimer ce que je ressens, je cherche, je cherche, mais ça ne vient pas. Le peintre doit savoir, d'ailleurs, que la réponse est difficile, car il attend sans impatience… Je me décide enfin :

« C'est que… tous les gens dansent, il y a du soleil, mais on sent que c'est encore l'après-guerre. »

Je m'arrête. J'ai dû dire une bêtise.

Le peintre me semble presque ému, il me tend la main.

« Je m'appelle Moretti, dit-il, Lucien-Philippe Moretti… »

C'est ainsi que débutent les amitiés.

A partir de ce moment, je suis venu souvent dans le petit atelier qu'il occupait dans l'avenue Junot. J'adorais le regarder faire, mais je n'ai jamais touché un pinceau ni un crayon. Il m'encourage pourtant, presque à chaque fois :

« Vas-y, Jo, n'aie pas peur, fais n'importe quoi, ce qu'il te plaît, des arbres, des hommes, ne cherche pas à faire beau. »

Je ne m'y décide pas. Peut-être une vocation manquée, mais j'aime trop le regarder faire, le coup magique qui fait surgir le relief, encore une chose à laquelle je ne suis toujours pas habitué : comment sur un papier sans profondeur il peut s'enfoncer jusqu'aux fins fonds des horizons...

Franck passe la tête.

« Tu te magnes, Jo? On va faire un baby? »

Je fais un signe bref de refus et continue la conversation. Moretti s'est remis à peindre, sans cesse de nouvelles danseuses naissent sous ses doigts. Je le regarde travailler jusqu'à ce que la lumière devienne plus faible.

Je l'aide à porter son chevalet et rentre à la maison tout rêveur.

Cela me surprend : quatre années à cavaler devant la Gestapo ne m'ont guère permis de hanter les sphères artistiques. Puis il y a eu les copains, les trafics, les G.I., toute cette vie en prise sur une réalité souvent brutale, tout cela n'a rien à voir avec l'éveil d'une sensibilité esthétique ; eh bien, si, j'aime ça. Mais l'important pour moi, en cette belle soirée de printemps où la lune descend des hauteurs de la butte, porte un nom qui m'éblouit, un nom en quatre lettres qui resplendissent sous les néons, sur les affiches, un mot magique : la BOXE.

Il faut me comprendre : je n'irai plus à l'école dans trois mois, le salon me répugne, je veux réussir. Et pas une petite réussite qui me permettra d'attendre la retraite, non, une réussite étincelante, énorme, gigantesque, mon nom partout au firmament de tous les cieux de l'Ancien et du Nouveau Monde, du Nouveau surtout dans lequel se trouve le temple que je rêve d'envahir : le Madison Square Garden. Pour cela et pour plus encore, tout se résume donc en un mot : la boxe.

10

Avant d'affronter les rois du noble art, je vais m'entraîner assidûment chez m'sieur Raymond, une petite salle au ring rétréci et dont je reconnaîtrais l'odeur à deux cent cinquante mètres, celle huileuse et forte de l'embrocation à laquelle se mêle celle de l'urinoir municipal qui s'ouvre sous les fenêtres.

Mercredi, sept heures : je descends de ma chambre, un sac sur l'épaule, un long sac cylindrique retenu par des lacets. Je traverse le salon, tout faraud. Henri me regarde passer, le peigne sur l'oreille, avec un air de commisération profonde.

« Voilà Théo Médina », dit-il.

Il est heureux de faire rire le malheureux client qu'il est en train de raser, il sort à chaque fois la même plaisanterie.

« Une oreille en chou-fleur, une. »

Je sors, fier comme Artaban. Je n'ai rien entendu.

J'embrasse maman au passage. Elle se penche par-dessus la caisse. Elle n'aime pas cette passion que j'ai pour la boxe. Elle considère que c'est un sport trop dangereux.

« N'aie pas peur, dis-je. Ils peuvent pas me toucher. »

Ricanements prolongés dans la salle. Un des clients, dont le visage est enfoui sous une serviette chaude, module :

« Young Jo, le roi de l'esquive rotative !

— Salut, Battling », jette Henri.

Je hausse les épaules et sors tandis que les vitres de la porte étouffent le son des voix moqueuses. Je leur ferai voir un jour… M. Raymond me l'a dit d'ailleurs, j'ai de l'avenir. Bien sûr, il faut travailler, la droite, le crochet, l'uppercut, le souffle, la frappe, enfin tout, quoi…, mais ça, j'y suis décidé.

« Salut, Jo.

— Salut, Richard. »

Je délace mes chaussures à côté de lui. C'est un grand chtimi blafard qui travaille de nuit dans l'imprimerie et qui a une patate terrible. Il boxe à l'étranger, il boxe au Central, à Pantin. Je l'ai vu trois fois. Trois combats et trois victoires dont une par K.O. La dernière fois, j'étais là, à la Mutualité, au promenoir. Après, je n'ai plus pu parler pendant trois jours tellement j'avais hurlé. Il avait placé un jab terrible et, comme l'autre se replaçait à distance, il avait suivi d'un crochet court, avec tout son poids derrière. Une merveille du genre. Le type avait paru flotter en l'air, avant de tomber sur le ring, soulevant des tonnes de poussière.

« C'est la forme? »

J'enfile mon short et sautille.

« Ça peut aller, et toi?

— Correct. On s'échauffe? »

Il rit de mon refus. Une fois, j'ai accepté de boxer avec lui, j'ai tourné autour et lui ai balancé quelques directs assez souples, bien dans l'axe. M'sieur Raymond, appuyé aux cordes, me conseillait :

« Ton foie, Jo. Protège le foie. »

Aucune envie de me soucier de mon foie protégé par une carapace de pectoraux impressionnants. Pendant trente secondes, j'ai joué avec Richard, m'amusant à tourner autour, à voleter : un papillon, j'étais plus léger que l'air. Je n'arrivais pas à voir ses yeux qu'il semblait cacher derrière ses gants. J'ai préparé un autre coup et, au moment où j'amorçais, j'ai pris un camion de cinq tonnes en plein buffet. Le plus extraordinaire de tout, lorsque je me suis relevé, inondé par la flotte du seau qui avait servi à me ranimer, c'est que je ne voulais pas croire que c'était lui qui m'avait frappé. Je n'avais rien vu arriver.

Richard, en tout cas, n'était pas rassuré.

« Scuse-moi, Jo, disait-il, c'est parti seul, j'te jure, c'est parti seul, j'ai pas pu contrôler. »

Je n'étais pas trop convaincu, mais Raymond m'a passé son bras autour du cou. Il portait toujours le même vieux pull à col roulé.

« Tu peux le croire, Jo, Richard dit vrai, c'est un boxeur instinctif ; quand il y a un trou, il allonge, avec tout son cœur. »

Depuis, on est devenus bien copains malgré nos dix ans de différence. Il est marié avec une petite femme minuscule aux cheveux jaunes, à la peau triste, aux yeux sans couleur. Je suis allé manger plusieurs fois chez eux dans leur deux-pièces de la rue Etex. Leur gosse de huit mois dort sous la table de la cuisine. Au mur, il y a les affiches où le nom de Richard figure, celle du Kursaal de Maubeuge, de Liège même où il a boxé un Noir américain collant comme un chewing-gum et, un peu à l'écart, celle où il avait combattu Van Beuren, un Flamand coriace qui ne s'est réveillé qu'au huitième round pour lui infliger une correction terrible dont il dit se ressentir encore, une douleur qui se réveille dans l'oreille lorsque le temps change.

Dès ma sortie du vestiaire, Raymond me répète :

« Au sac, Jo, et pas pour épousseter. »

En avant pour le sac de sable. C'est pas ce que je préfère, mais ça fait partie de l'entraînement. Je dois me défoncer si je veux que le père Raymond me négocie ma première rencontre, au Central ou en banlieue.

Je frappe des une-deux réguliers. C'est dur, le sac ; au bout de quelques minutes, les épaules s'endolorissent, la tête sonne comme une voie de chemin de fer. Il y a toujours un bruit d'enfer dans cette boîte, pleine de gars qui sautent à la corde, ébranlant le plancher ; et puis les roulements des punching-balls... C'est ce que je préfère, le punching-ball. C'est léger, ça vole ; quand on tient la cadence bien régulière, il semble qu'on ne s'arrêtera jamais, qu'on est le grand as du noble art.

« Jo, ramène-toi ici. »

La sueur ruisselle. Raymond me jette une serviette sur les épaules.

« Tu vas prendre ton copain Jeannot. Attention ! c'est un fragile. Vous allez faire un round sans forcer. Je veux rien de méchant. O.K. ? Monte là-bas, mon p'tit gars. »

Ça me fait drôle de boxer Jeannot. C'est un super-léger. Il est rigolo à voir mais teigneux quand il s'y met. Et puis il a l'exemple de Théo Médina, le gitan, l'idole…

« Je vais te pulvériser, manouche ! »

Jeannot rit, se cache derrière ses gants, il est épais comme une ablette… C'est un peu la mascotte de Raymond. Personne ne boxe contre lui parce qu'il est le plus petit et si gentil qu'ils ont tous peur de lui faire mal.

Tandis que Jeannot monte, Raymond m'attrape par le cou.

« Et pas d'esbroufe, hein, remue-toi un peu. »

Je cogne mes gants l'un contre l'autre. Je les ai achetés, finalement. Depuis le temps que j'en rêvais !

Jeannot avance. Au coin de sa lèvre, ça tremblote un peu et je sais ce que signifie ce tressaillement : ce sont les nerfs, c'est plus fort que lui.

Pauvre Jeannot, ses jambes comme des allumettes sortent de son short trop vaste. Jamais je ne pourrai cogner sur un petit bonhomme semblable. Ce serait un crime.

Je lève un bras et, avant que nos gants ne se touchent, je reviens vers Raymond en désignant ma chaussure pour faire croire que j'ai des ennuis de lacet. Je fais semblant de le renouer tandis que je balance du coin de la bouche :

« Je peux pas le cogner, il fait pas cinquante kilos et c'est mon meilleur copain. »

Raymond se penche :

« Il n'y a pas de copain sur un ring : quant à la différence de poids, ne t'y fie pas. J'en ai vu de moins lourds qui en étalaient de plus gros que toi. Il a l'air nerveux. Et il a un jeu de jambes de danseur. Fais gaffe à ton nez et te fie pas aux apparences. Maintenant, si t'as la trouille, je peux demander à quelqu'un d'autre. »

Il tire sur son mégot de Gauloise et me regarde d'un sale œil.

« D'accord, m'sieur Raymond. »

Je me retourne. Jeannot me sourit vaguement et monte sa garde. Il a six mois de salle de plus que moi. Ça compte !

C'est parti.

Nous tournons. Je vois la sueur poindre sur son front, des gouttelettes au ras des cheveux frisés.

Il esquisse des attaques mais ne conclut pas ; je feinte, il recule, semble prendre son courage à deux mains et m'effleure l'avant-bras.

« Alors, dit Raymond, vous époussetez ou quoi? »

Jeannot essaie de se tirer un sourire mais n'y parvient pas. Il n'est plus le même les gants aux poings.

« Vas-y, Jo. »

Je me rapproche. Entre ses bras, trop écartés, entre les côtes apparentes, il y a cette plage de peau maladive sur laquelle je dois frapper et j'ai peur soudain qu'en détendant mon bras je traverse cette barrière si fragile...

« Alors, qu'est-ce que tu fabriques, Jo? »

Je lui touche la joue, une chiquenaude, et ses coudes remontent, comme les enfants à l'école, lorsque le maître les punit et qu'ils enfouissent leur visage dans leurs bras.

Je recule. Je ne peux pas le frapper. Il a l'air trop malhabile. Il baisse sa garde, feinte et je prends quatre crochets d'affilée. Pas méchants, mais, le temps que je me protège, je peux faire le compte : deux droites sur la joue gauche, deux gauches sur la joue droite.

J'ouvre la bouche pour protester que c'est pas juste et j'ai trois directs au foie à mettre sur mon compte.

Furieux, je balance deux droites dans le vide. Ce ouistiti est le roi de l'esquive.

Raymond hoche la tête.

« Ça va, les gars, un peu de corde tous les deux et ça suffit pour aujourd'hui. »

Essoufflé, je m'approche de lui. La fumée de la cigarette monte devant mon œil et il plisse la paupière.

« Pourquoi t'as pas frappé comme je te l'ai dit ?

— J'ai pas pu, m'sieur Raymond... Il est trop vite pour moi. »

Raymond me regarde toujours et d'un coup de langue fait passer son mégot d'un coin de la bouche à l'autre. Sa main se pose sur mon épaule. C'est rare qu'il fasse cela et, quelques fractions de seconde, son air bougon disparaît.

« T'as raison, Jo, dit-il, il est un peu vif. »

Il soupire, me tâte le biceps et tire une bouffée.

« Je te donne deux mois, petit, et si tu te défonces un peu je t'embarque dans l'équipe. »

Cette fois, ça y est. « L'équipe », c'est cette demi-douzaine de boxeurs qui, le samedi soir, partent vers les rings des périphéries pour livrer des combats parmi les cris et les quolibets. Cette fois, ça y est, pour un coup de poing que je n'ai pas donné, Raymond a décidé de me faire tenter ma chance. Pourtant il sait bien qu'un boxeur n'a pas à entrer dans des considérations émotives... Deux mois encore et je livrerai mon premier combat public. Je ferai mes débuts. Finies, à présent, les rigolades des copains et du frangin : je serai boxeur, c'est décidé, je passerai pro et, après, ce sera le Madison, comme prévu. Je sens en ce moment mes muscles se gonfler, se gonfler ; je me sens plein d'une force inégalée, une force destructrice qui envahit l'univers. Tous tomberont devant moi foudroyés, jusqu'à ce qu'autour de mon ventre je sente la lourde ceinture des champions du monde.

L'Avenir est à moi.

11

« Pas si raide, Jo, enveloppe, bon Dieu, enveloppe ! »

La sueur me brûle les sourcils. Richard lève un poing noir énorme, comme au cinéma quand un gros plan envahit l'écran. Les muscles de mes cuisses tremblent. Je frappe en aveugle du droit, un coup qui me déséquilibre.

« Stop. »

J'essuie mes yeux avec le dos du gant, légèrement vacillant.

« C'est long, cinq reprises, hein ? »

Je vais me rasseoir dans mon coin sur le tabouret. Je n'en peux plus, ma langue est douloureuse. Jeannot me regarde, vaguement apitoyé. Là-bas, en dehors des lumières, dans la fumée, il y a Franck assis sur une chaise de jardin.

Le torse épais de Raymond surgit devant mes yeux, puis c'est son visage.

« Tu ralentis, Jo, à la troisième tu as ralenti, à ton âge tu ne devrais pas... »

Il se penche un peu plus vers moi.

« T'as une pépée ? »

Je pique mon fard.

« Non, non... »

Raymond fronce les sourcils.

« Tu fumes, alors ? »

Je baisse la tête.

« Ben, non, enfin, pas tellement, une petite de temps en temps.

— Terminé, dit Raymond. Tu choisis : ou tu fumes ou tu boxes. Dans quatre jours, je te lâche et, si tu ne veux pas te ramasser, tu as du boulot sur la planche ; allez, à la douche. »

Je me relève. Richard, accoudé aux cordes, me suit des yeux : il n'est pas essoufflé du tout, lui. Jeannot et Franck m'accompagnent au vestiaire.

« Sacré boulot, dis-je, j'en ai marre. »

J'ai l'impression de ne plus voir le soleil depuis deux mois. Je passe mes soirées devant un sac de sable à taper dessus comme un forcené. Je dors en classe. Maillard me réveille à coups de punitions. Et tout cela pour ce samedi qui approche un peu trop vite à mon gré. Plus que quatre jours.

« Tu sais toujours pas qui je rencontre? »

Jeannot hoche sa tête frisée. Il ne s'est pas épaissi, les os des épaules pointent sous la peau.

« Je sais pas son nom, un gars de la porte de Pantin...

— Ça te sert à rien de le connaître, dit Franck; si c'est un super-costaud, ça va te saper le moral.

— T'es rassurant, mon pote. »

Deux mois d'entraînement, deux mois à boxer même autour de la salle à manger, dans le salon, tout juste si ça ne m'arrive pas non plus dans mon lit. J'ai même, un matin, renversé mon café au lait en esquivant un gauche en contre. Henri en a marre de me voir comme ça. Il en a surtout marre de mes fanfaronnades. Je n'ai que le nom de Joe Louis à la bouche. Et je n'arrête pas de me comparer à lui : j'en ai le punch, la vitesse, le jeu de jambes, la résistance, le brio! Bref, Henri me regarde d'un drôle d'œil. Ce qui m'étonne un peu, c'est que depuis une dizaine de jours il n'a plus tellement l'air excédé. Il semble plutôt s'amuser comme s'il me réservait un coup à sa façon. Si c'est pour m'embarquer dans des leçons particulières pour le « certif », qu'il n'y compte pas. Vous imaginez, vous, Joe Louis en train de dépiauter des fractions, d'accorder des participes? D'abord, les Américains, ils s'en moquent, des accords de participes en français. Et ils vivent très bien sans ça. J'en connais qui deviennent même champions du monde.

« On va se boire une limonade? »

Nous voilà tous les trois avenue de Clichy.

« Moi, dit Franck, tu peux pas t'imaginer comme je suis bien à regarder boxer les autres. Je me sens tout tranquille. Je n'ai qu'à imaginer que c'est moi qui suis sur le ring et j'ai déjà la trouille. Alors je me dis que je suis dans mon fauteuil à regarder se tabasser les autres et je jubile. »

Jeannot rit.

« T'es un vrai fumier, dit-il. Tu viens samedi? »

Franck me regarde.

« *Of course,* je viens voir gagner le champion.

— Venez chez moi, je vais vous montrer quelque chose. »

Je règle les trois verres et nous prenons la rue de Clignancourt. Beaucoup de boutiques sont fermées, dans l'avenue qui descend, nous marchons dans un décor de rideaux de fer. Le soleil frappe sur les tôles et fait chaud dans la ville. Le printemps brûle. Nous discutons de boxe, évidemment.

« Je te trouve bien, dit Jeannot, tu esquives au poil, mais…

— Mais quoi ?

— Tu devrais esquiver que lorsque c'est nécessaire. »

Je grimace. Raymond me le dit aussi : j'esquive sans arrêt, même quand l'adversaire ne frappe pas. Alors, évidemment, au deuxième round je suis trois fois plus épuisé que l'autre. Je suis le roi de l'esquive inutile.

Franck doit comprendre mon inquiétude, car il embraie aussitôt :

« T'as une bonne pêche, Jo, moi, je te le dis : t'es bien parti.

— Bien sûr, Franck, bien sûr, mais l'essentiel est d'arriver… Et la première étape s'approche, et plus elle approche, plus j'ai l'impression que ma moelle épinière fait des nœuds.

— Bonjour, madame.

— Salut, m'man. »

Les copains ont mis le béret à la main. Ma mère aime bien Jeannot, qui a l'air si timide et si sage. Avec Franck elle se méfie davantage. Il faut dire qu'elle le connaît depuis longtemps.

Il fait bon dans le salon. Les stores baissés et les senteurs d'eau de Cologne entretiennent la fraîcheur.

Henri, qui est penché sur une nuque rougeaude, fait claquer ses ciseaux.

« Je parie que tu vas leur montrer tes acquisitions ? »

J'ignore la remarque avec superbe et les entraîne dans ma chambre. Je me baisse et tire un carton de sous le lit. Je le sors et l'ouvre.

Comme le rabbin transporte les tables de la loi et le prêtre le saint sacrement, entre le pouce et l'index de chaque main je déploie la merveille : une culotte satinée bleu ciel à bande dorée avec ceinture élastique.

Les deux en face de moi sifflent d'admiration.

« Une américaine, dis-je, c'est marqué à l'intérieur. »

Sur un rectangle blanc il y a écrit *Everplast*. Ça m'a coûté cher. Il a fallu soudoyer le caporal responsable du magasin d'habillement, section sport, de l'État-Major des forces U.S. Mais ce n'est pas tout.

J'étale la culotte sur le lit avec les précautions d'une mère pour son bambin, me penche à nouveau et sors du carton un peignoir de bain. Rien d'extraordinaire à cela, c'est le mien. Cela fait plus d'un an que je l'ai, il commence d'ailleurs à être sacrément étroit.

Les deux zigotos regardent.

« C'est un peignoir de bain, dit Franck.

— Je vois rien d'autre », dit Jeannot.

Je souris de commisération.

« Eh bien, regardez ! »

Lentement, comme en un ralenti de cinéma, je tourne le peignoir. Alors sur le dos apparaissent les lettres éclatantes, hautes de dix centimètres :

KID JO

Double sifflement.

« Comment t'as fait ça ? » demande Franck.

J'explique :

« Un sacré boulot : c'est découpé dans du linoléum, peint au ripolin et collé avec de la colle de cordonnier.

— Ça fait joli », constate Jeannot, rêveur.

On admire tous un bon moment. Puis Franck tire la conclusion :

« Avec une culotte et un peignoir pareils, faut que tu gagnes !

— Il va gagner, dit Jeannot.

— Ouais », dis-je.

Ouais, ce n'est pas non, mais ce n'est pas oui non plus. Plus que quarante-huit heures. Je ne veux pas le montrer, surtout à Henri, mais

KID
JO

parfois je suis un peu moins certain de mon punch.

Je ne me souviens plus aujourd'hui des deux jours qui précédèrent mon combat, mon premier combat. Je sais seulement que ma valise était faite avant midi alors que je ne devais rejoindre les autres qu'à sept heures du soir. Et je me rappelle, comme si c'était hier, les quelques heures qui me séparaient de l'« événement ».

Je revois la cuisine où j'avais avalé un quart de bifteck : j'avais du mal à débloquer les mâchoires, et ça passait pas ; l'estomac noué. A côté, dans le salon, c'est la cavalcade : Henri expédie les coupes en trois coups de ciseaux, car pas question de louper le match du siècle.

Il fait même la retape. Il m'étonne de plus en plus ; lui et mes autres frères, d'ailleurs.

« Alors, m'sieur Cohen, vous venez pas voir les débuts du nouveau Carpentier ? du Cerdan de Montmartre ?... On en reparlera dans quelques années et vous pourrez dire que vous y étiez... »

Cohen rit. Il déteste la boxe. Maman semble soucieuse. Elle a peur que l'on m'abîme le visage ; ce doit être pour ça aussi, que j'esquive toujours. Franck est là avec Jeannot, dans un coin de la chambre. Je n'ose pas me regarder dans la glace de la grande armoire, de crainte de me trouver un peu pâle.

« Ça va, Jo, t'es bien ?

— Ouais, la grande forme. »

En fait, je me sens de plus en plus noué du côté de l'estomac.

Il n'est que six heures moins le quart. Je me lève.

« Te fatigue pas, dit Franck, reste assis, t'as encore le temps.

— On fait un poker ? » propose Jeannot.

Je me rassois, ramasse mes cartes, en jette une au hasard, balance une droite dans le vide, jette une autre carte, feinte du corps.

Jeannot et Franck abaissent leur jeu.

« Ça va, dit ce dernier, n'insistons pas.

— Je préfère marcher, dis-je, on va y aller doucement. »

Jeannot s'empare de ma valise (il ne faut pas que je me fatigue avant l'effort) et nous pénétrons dans le salon à la queue leu leu. Je me sens raide comme un piquet. Les miroirs me renvoient mon visage : je ne savais pas que j'avais les yeux jusqu'au milieu des joues.

« On part devant, dit Franck, on se retrouve là-bas ; vous savez où c'est ?

— T'inquiète pas, dit Henri, on y sera et pas qu'à moitié. »

Il a l'air vraiment heureux. Il m'envoie une bourrade dans l'épaule et je remonte les coins de mes lèvres pour sourire, mais chacun d'eux pèse une demi-tonne.

« A mon avis, dit Jeannot, ce qui compte, c'est bien boxer ; si tu perds, tant pis ; moi, je crois qu'il faut surtout bien boxer. Là, tu impressionnes les puristes, comme ils disent dans les journaux.

— Ne déconne pas, Jeannot, dis-je, il faut gagner, tu le sais bien. Je préfère mal boxer et gagner que le contraire..., c'est la loi.

— Drôle de loi », dit Franck.

J'ai chaud. Pourvu que je n'aie pas de fièvre ! Il ne manquerait plus que ça que je fasse un début d'angine, que j'arrive sur le ring avec des amygdales comme des ballons de foot, tout tremblotant. Je dois être trop en forme, surentraîné ! Quand on est trop en forme, on a des angines. Le manager me l'a dit...

Kernadec.

C'est tout ce que je sais du gars avec qui je vais m'empoigner dans moins de deux heures. Un Breton. On dit qu'ils ont la tête dure. Je vais me fracasser les phalanges sur son crâne en granit, comme si je tapais sur un menhir. Pourvu que je dépasse le premier round ! Bref, je panique. Et je pense aussi à Henri, à ses sourires entendus...

« Bon sang! qu'il est long, le chemin qui mène au Madison! Première étape : Pantin.

— Ça va, Jo? »

Les autres me serrent la main. Raymond a l'air confiant. Il fume comme une cheminée : ce n'est pas la nervosité, c'est l'habitude. Évidemment, il ne boxe pas, lui, il se contente de donner des conseils aux autres. C'est facile d'être dans le coin et d'hurler : « Plus vite! » ou « Avance à gauche! » ou « Tes jambes, Jo, pense à tes jambes! »... Richard est très calme. C'est lui qui fait le combat vedette ce soir. En dix reprises contre un Martiniquais de trente-six ans qui connaît toutes les ficelles. Il y a Verdier, un mi-moyen qui louche légèrement, ce qui théoriquement doit tromper l'adversaire, Ciotar dit Bou-Bou, un super-léger bondissant, et Zardrekam, un Arménien poids lourd qui, à vingt-deux ans, commence à bloquer un sacré bide. Quels sont ceux qui vont gagner ce soir? Moi, peut-être...

Pantin est tout à côté, quelques rues grises, et voilà la salle. Les choses vont vite, des couloirs aux peintures écaillées, un long couloir très étroit avec des lits, et nous sommes tous là à nous déshabiller dans une lumière d'hôpital. J'ai la chair de poule malgré la chaleur. J'enfile ma belle culotte et j'ai l'impression que les muscles de mes jambes bougent tout seuls. Ah! il est beau, Kid Jo! Je commence vraiment à déplorer ma vocation et à me foutre du Madison. Après tout, on vit aussi bien à Montmartre qu'à Greenwich Village. Et puis il y a d'autres moyens pour débarquer aux « States ».

Raymond me bande les mains.

« Couche-toi. »

Un chauve costaud au nez cassé s'empare de mon bras gauche et le masse comme s'il brassait de la pâte. Je vois le plafond pisseux où dansent des ombres.

« Tiens, voilà Kernadec. »

Je me soulève.

Un jeune gars un peu triste à mâchoire carrée. Plus petit que moi, il doit avoir moins d'allonge. Mais il a un torse de gorille. Ce qui surprend, pour un débutant, c'est qu'il a déjà le visage marqué...

« Pars en gauche, Jo, chuchote Raymond, allonge à fond à chaque fois, tout en distance. De l'escrime. Grâce à ta technique, il ne doit pas approcher... N'oublie pas : le gauche. Sois classique...

— J'essaierai. »

J'ai une drôle de voix plus aiguë que d'habitude.

Le nez cassé demande :

« C'est ton premier? »

Je me tourne vers lui. A voir sa tête, il doit

bien avoir 50 000 K.O. derrière lui, les arcades ont été effacées par les coups.

« Oui. »

Il sourit, découvre la porcelaine d'un dentier et me masse l'estomac.

« Ça me ramène en arrière : 18 octobre 1927, à la porte d'Italie.

— Vous aviez gagné ?

— Oui. »

Il a eu du pot, lui. Il triture à présent mon autre bras et ajoute :

«... J'en ai perdu aussi beaucoup d'autres. »

Je ris avec lui. Il frappe dans ses mains et le talc fait comme une poussière blanche autour de son visage sculpté par les crochets des deux mains.

« J'ai toujours aimé la boxe, dit-il, mais...

— Mais quoi ?

—... Mais la boxe ne me le rendait pas. Je n'étais pas un boxeur. »

Cela me fait de la peine de l'entendre dire cela ; pourtant, il y a quelques minutes encore, je ne le connaissais pas. Raymond sort et par la porte monte le bruit de la foule. Je ferme les yeux.

Mon masseur doit s'apercevoir de mon trac, car il me retourne d'un bloc et me tambourine les dorsaux sans précautions excessives.

« Les écoute pas, dit-il, ils n'existent pas.

T'occupe de personne, juste le gars qui est en face de toi. »

Je me sens plein d'une soudaine tendresse pour ce malaxeur professionnel.

« Vous avez voyagé ? »

Il s'arrête à nouveau.

« Grâce à la boxe ? Oui. J'ai changé de banlieue tous les samedis. »

Je me retourne et m'assois. Nous devons ressembler à un tableau symbolique : l'ancien et le nouveau.

« Ça, on peut dire que je connais la région parisienne ! Certains soirs, j'ai même fait plusieurs combats ; on n'était pas beaucoup payés mais ça aidait bien. »

Il s'assoit à son tour. Les yeux lumineux et pleins de malice ne forment plus qu'une fente sous les paupières trop lourdes.

« Une fois, dit-il, j'ai pris un pain de cinq livres dès le premier round. J'ai entendu l'arbitre qui comptait dix et je me suis relevé. Mon entraîneur m'a foncé dessus, m'a balancé deux coups de serviette mouillée et m'a dit : « Tu sautes sur ton vélo et tu fonces au Boxing Club, à Levallois ; tu fais le troisième combat. Fonce ! » J'ai juste enlevé mes gants pour tenir le guidon, j'ai pédalé en peignoir, j'ai même gardé le protège-dents. C'était une grande époque. »

Là, je crois qu'il exagère un peu…

Je me relève, la voix d'un haut-parleur me parvient déformée. La porte s'ouvre en tempête. Raymond est là, Gitane au bec. Derrière lui, il y a Richard et les autres qui sautillent sur place.

« C'est à toi, Jo. »

J'ouvre la bouche, mais je n'ai pas le temps de répondre. Je sens mon peignoir sur le dos, les murs défilent, des visages, et soudain les cris explosent : la fumée monte presque jusqu'aux poutrelles de la salle. Le blanc rectangle du ring surélevé se dresse. On crie mon nom sur la gauche plus fort qu'ailleurs, il y a un ouragan de sifflets, de bravos, c'est à en perdre la tête. Je passe sous les cordes et me colle sur le tabouret de coin.

Kernadec arrive à présent. Il avance comme à l'abattoir. J'entends : « Allez la Bretagne ! » Je ne vois pas les visages. Des rires, des quolibets fusent.

Seule la voix de Raymond est plus précise :

« T'es bien ? Jo, ne le laisse pas venir, allonge ton gauche. »

L'arbitre, en chemise blanche, surgit dans les projecteurs. Il fait un signe. Je me lève mécaniquement, et je recule, je cligne des yeux, tends un bras, Kernadec regarde la pointe de ses chaussures obstinément. Nos gants se touchent. Il n'y a pas encore eu un regard entre nous.

Dong!

Si j'arrive à cent ans, je me souviendrai encore de ce bruit.

Je suis au centre du ring et ils crient autour de moi. Ma tête part à droite puis à gauche, violemment, et je recule, je cligne des yeux, tends un bras, mais le Breton fonce, visage dans les gants. Les cordes me brûlent le dos.

« Sors-toi de là, Jo... Un pas de côté... »

Raymond s'égosille. Mais qu'est-ce que je fais là devant ce débutant qui a une gueule et une technique de chevronné! Un autre coup sur l'épaule. Je serre ma garde, me recroqueville et j'en prends un terrible dans l'oreille.

Lorsque j'étais petit et que l'on me lavait les oreilles, je prenais des colères épouvantables. J'ai toujours eu horreur que l'on me touche les oreilles.

Sans réfléchir, sans calculer, je lance une gauche qui loupe et une droite qui touche. Elle a sûrement touché, parce que ça a fait un sacré bruit.

Il y a un silence soudain et je vois le Breton qui recule.

Je viens de réaliser que je suis sur un ring et qu'il s'agit de boxe et qu'on m'a appris des choses qu'il faudrait quand même songer à utiliser.

J'avance, le gauche en piston qui prépare ma droite. Elle part en crochet.

Sonné, Kernadec.

Je sens que les cris se sont renversés en ma faveur. Ma tête sonne encore, un téléphone dans la tête.

« Allonge, Jo ! »

Kernadec tourne, esquive, je vois Henri qui hurle au deuxième rang, il disparaît et je bloque dans les gants deux uppercuts rageurs. Je l'ai laissé trop approcher. Kernadec me paralyse un bras et me cogne au plexus avant que l'arbitre tende le bras.

Dong !

Il me semble qu'il y a dix secondes que le combat est commencé. Erreur !

Je m'écroule en sueur. Mon ventre se soulève. J'ai mal à l'estomac.

J'ai de l'eau dans le gosier, crache dans un seau et Raymond me malaxe les épaules... « Pas une bagarre de rue, bon Dieu, pense à ce que tu fais. Tiens-le à distance avec ton gauche ! Tu as l'allonge pour toi. Sers-t'en ! » Les conseils pleuvent. Là-bas, à l'autre bout, Kernadec ne me regarde toujours pas. Ses jambes sont étendues droit devant lui.

Deuxième reprise.

Comme un bolide, Kernadec fuse. J'étends mon gauche qu'il écarte et il entre sous ma garde, j'en prends trois, quatre, cinq à la file, m'accroche, il tourne violemment et mes pieds quittent le sol. Je le vois revenir, quelqu'un crie derrière moi :

« Vas-y, Kerna, nettoie-le, il est cuit. »

Fou de rage, je cogne en possédé, nos ruées se neutralisent, un pas de côté, je vois un trou et, avec un han de bûcheron, je lance ma droite.

L'élan me fait chanceler et je tourne sur moi-même. Mes bras tombent le long de mon corps : là-bas, à deux cents kilomètres, à l'autre bout du ring, Kernadec est assis.

Le souffle me brûle les poumons tandis que dans ma tête se lève un vent de victoire : je l'ai collé au tapis.

Premier combat, premier K.O. C'est trop beau pour être vrai. Je sais à présent que je ne veux pas perdre. C'est impossible. Tout le monde dit que le punch c'est l'arme absolue du boxeur.

Je regarde dans la salle. Henri et mes autres frères sont debout. Ils ont l'air stupéfait.

Kernadec se relève.

Raymond se démène, me fait signe de me calmer. Mais je suis calme à présent, calme, fort et superbe.

Retour au centre. Mes jambes sont plus lourdes, mais je sautille quand même, comme les grands, le vrai danseur mondain. Je cours même : le ring n'est pas assez grand pour moi. En avant : je pars en crochets larges, dévastateurs, je démolis la Bretagne : la rade de Brest s'effondre, la pointe du Raz s'engloutit ; adieu, Paimpol et sa falaise et...

Tiens, c'est drôle, le plancher qui monte, la salle qui chavire. Qu'est-ce qu'il fait, ce type, à compter au-dessus de ma tête ?

« Lève-toi ! lève-toi ! »

C'est Jeannot et Franck qui ouvrent une bouche comme l'entrée du métro.

On est pourtant bien ici ; si je m'écoutais, je m'endormirais.

Cinq, six, sept...

Bon sang !

Je réalise : je roule sur moi-même, me soulève sur les genoux.

Dong !

Sauvé pour cette fois.

Dans le coin, on m'assoit sur le tabouret. Je pousse un hennissement : Raymond vient de me passer un flacon sous le nez qui doit contenir du poivre, de la moutarde, de l'eau de Javel, le tout assaisonné d'œufs pourris.

« Baisse jamais ta garde, je te l'ai dit cent fois, baisse jamais ! Et profite de ton allonge, nom de Dieu !... »

Les mots martèlent mon crâne endolori. Ce

n'est pas possible, j'ai dû passer sous un rouleau compresseur sans m'en apercevoir. Je gémis.

« Mais je l'avais envoyé au tapis !

— Eh bien, il s'est relevé et c'est toi qui y es allé. Fais gaffe maintenant, c'est la dernière reprise. Allonge, Jo, allonge... »

Dong !

Une chose que je peux dire aujourd'hui, c'est que j'ai parfaitement obéi aux conseils de M. Raymond au cours de ce dernier round. Pour allonger, je me suis allongé. J'ai perdu le compte, mais j'ai l'impression d'avoir été plus horizontal que vertical. J'ai passé les deux minutes sur le dos ou à quatre pattes.

Je n'entends plus rien ; des bouches grandes ouvertes doivent hurler.

Je me redresse, tombe sur Kernadec qui s'effondre, aussi groggy que moi, nous roulons sur le tapis, il se lève le premier et c'est là que se produit l'incident miraculeux, la chose inespérée, le miracle véritable... Affolé, soûl de fatigue, les nerfs en compote, j'expédie un coup à la godille et le pauvre Kernadec s'écroule. Moi, dans mon coin, je regarde mon adversaire sans le voir. Je n'ai qu'une idée : ne pas tomber, ne pas tomber, ne pas tomber. J'y pense tellement que je me demande si mes lèvres ne remuent pas comme si je marmonnais une prière. Soudain, je vois un homme en blanc qui s'approche. Il me prend le poignet et lève un de mes bras. Mes oreilles semblent se déboucher d'un coup. Ça hurle autour de moi. Je vois mes frères, les copains qui renversent des fauteuils.

Je ne comprends pas ce qui se passe. Le gong a dû résonner, car Raymond est sur le ring avec des tas de gens que je ne connais pas. Je m'assois et c'est Jeannot qui me soulève l'avant-bras. Je ne comprends pas leur enthousiasme. Je ne sais pas ce qu'ils peuvent bien me vouloir.

« Alors, dit Franck, tu vois bien que ça s'est pas si mal passé que ça ! »

J'essaie de dire quelque chose, mais j'ai l'impression que si j'ouvre la bouche toutes mes dents vont tomber.

« Qu'est-ce que tu dis?

—... partie de plaisir », dis-je.

Je me lève, vacillant, et la voix, énorme, plane au-dessus de ma tête :

« Kid Jo ! Vainqueur par K.O. au troisième round ! »

J'ai gagné ! Je ne sais pas comment : mais j'ai gagné ! Je rêve à cet instant depuis toujours, la victoire, la première, celle qui compte...

Mais je sens qu'elle ne me procure rien. J'ai mal... et Kernadec là-bas avec son visage livide, tout marqué... Je dois avoir le même...

Comme si nous avions fait naufrage. Qu'est-ce que va dire ma mère en me voyant défiguré ?...

Il vient vers moi et ses yeux me semblent pleins de larmes. On tombe dans les bras l'un de l'autre. On ne se dit pas grand-chose. Sinon « Bravo »... « T'en fais pas... Tu gagneras la prochaine fois »... Bref, des banalités... Je réalise que je ne suis pas fait pour cette violence, le désir de cogner sur un type jusqu'à ce qu'il tombe...

Revoici le couloir. Dans le vestiaire, je m'effondre sur une chaise. J'ai l'impression d'avoir une tête de carnaval, immense, toute rouge et bosselée.

« Je suis pas trop abîmé ? »

Le vieux masseur est toujours là. Il rigole.

« T'es encore plus beau qu'avant... »

Raymond ouvre la porte en coup de vent. Dans la salle, le nouveau match a commencé.

« Tu t'es bien accroché. J'avoue que tu m'as étonné..., mais demain faudra que tu travailles davantage avec... »

Il s'arrête. Je hoche la tête.

« Non, m'sieur Raymond. »

L'entraîneur a froncé le sourcil.

« Comment ça, non ? »

Je lève les gants à hauteur des épaules et les laisse retomber sur mes genoux.

« J'ai fini de boxer, m'sieur Raymond. »

Il ne dit rien, approche un tabouret et s'assoit. Son visage n'exprime rien.

« Explique-toi mieux, Joseph. »

C'est difficile de lui dire ce que j'éprouve en ce moment. Il a consacré sa vie à la boxe, il y croit, c'est sa raison d'être. Tous les matins à six heures, été comme hiver, il est là, Raymond, dans sa salle avec ceux qui arrivent à l'aube, avant le boulot, pour s'entraîner... Mais j'ai compris que cette vie ne serait pas la mienne, cette foule qui crie et ces êtres rendus fous qui se jettent l'un sur l'autre..., non, il serait lâche de vouloir continuer, il me faut rompre à l'instant avec la boxe, un adieu instantané.

« Je me suis trompé, monsieur Raymond. »

Les mots ont eu du mal à sortir. Il ne dit toujours rien.

« Ce n'est pas que j'aie peur, c'est que... je ne suis pas fait pour cela. Je l'ai senti. »

Raymond a appuyé sa vieille paume contre mon bras. Il y a de l'amitié dans ce geste et je ne m'y trompe pas.

« Tu décroches? Tu es bien sûr que c'est ce que tu veux? »

Nos regards se sont croisés.

« Oui, j'en suis sûr.

— O.K. Viens nous voir à la salle, quand tu voudras. »

J'ai une boule dans ma gorge qui monte et qui n'arrive pas à descendre.

« Merci, m'sieur Raymond. Merci pour tout. Vous m'avez bien appris. »

Il sourit.

« C'est mon métier, Jo, plus même : ma passion… Et je vais te dire une chose maintenant que tu as pris ta décision : t'as la carrure, le punch, la vitesse, t'apprends vite, tu n'as pas la trouille et t'as le sens du ring, mais, dès que je t'ai vu, j'ai compris que tu n'étais pas un boxeur ! »

Je me mets à rire.

« Qu'est-ce qu'ils ont, les boxeurs ? »

Raymond frotte ses joues mal rasées. Presque un an que je le connais, je ne l'ai jamais vu une seule fois avec les joues lisses.

« Si je le savais, soupire-t-il, j'aurais que des champions du monde dans mon écurie. »

Une clameur monte de la salle. Je détourne la tête. Je vois mon frère Henri. Il a entendu toute la conversation. Il a l'air heureux et, en même temps, il y a comme de la buée dans ses yeux. Il s'approche. Il m'embrasse. Il me serre très fort contre lui. Ce n'est pas souvent qu'il se laisse emporter par ses émotions. Je sens que j'ai envie de pleurer.

« Il faut que j'y aille, dit Raymond. Salut, Jo… »

Je serre la grosse patte calleuse.

« Au revoir, m'sieur Raymond. »

C'est bientôt le tour de Richard. M. Raymond va l'entourer de ses soins, de ses conseils. Richard sautille sur place. Il décontracte ses bras. Son visage auréolé d'une serviette ruisselle de sueur. Il me fait un clin d'œil en quittant le vestiaire.

La porte se referme. Dans l'armoire métallique à la porte rouillée, il y a mes affaires. J'enlève ma belle culotte, mon peignoir et remets mes habits de tous les jours.

Franck et Jeannot entrent en catastrophe.

« Grouille-toi, Jo, c'est commencé. Richard en a placé trois bonnes, il a l'air de vouloir gagner avant la fin.

— Je vous suis. »

Ils repartent. Je lace mes chaussures et me redresse. Je suis encore tout endolori, mes épaules semblent ankylosées, le visage me brûle.

Sur le lit, les lettres de linoléum se décollent. Je prends le coin du *K* et tire. Le I disparaît à son tour, puis le *D*; les deux autres lettres suivent le même chemin. Henri me regarde.

C'est plus tard, beaucoup plus tard, que j'ai appris la vérité sur le seul combat que j'aurai livré dans ma vie – entre les douze cordes d'un ring, s'entend. Irrités par mes rodomontades, pressés par notre mère qui craignait le pire pour moi, mes frères avaient décidé de m'écœurer à jamais de la boxe. Henri expliqua à M. Raymond que je devenais impossible de prétention, que je ne travaillais pas à l'école.

« Il faut nous aider, monsieur Raymond, il ne faut plus qu'il ait envie de boxer. »

Le manager, qui ne voyait pas en moi un champion, qui connaissait ma famille depuis de longues années et qui, évidemment, me savait encore mineur, choisit pour mes débuts un adversaire expérimenté. Celui-ci, prévenu, devait me donner une bonne leçon, ridiculisant sans trop l'amocher le coq vaniteux que j'étais. C'est pour cela que Henri se divertissait de mes fanfaronnades quelques jours avant le combat. « Rira bien qui rira le dernier », comme dit l'autre... Par un coup de chance, j'allais bousculer un peu le scénario. Mais, tout de même, j'avais compris que la boxe était un sport trop cruel pour moi, trop impitoyable. Si je tenais à ne pas abîmer mon visage, autant abandonner tout de suite. Le Noble Art perdait un rêveur. Adieu au Madison Square Garden.

12

Une chose a toujours marqué ma vie : la succession des passions. Cela ne traîne pas, je ne serai pas Joe Louis, mais, trois jours après cette grande soirée pugilistique, je rencontre Bernadette : après la violence des poings, j'aborde aux tendresses du cœur. C'est là un grand souvenir. Je n'y pense plus souvent, c'est peut-être pour cela qu'il est resté si beau. Je la revois très bien, Bernadette, mais j'ai perdu sa voix, elle est devenue muette avec les années, je sais simplement qu'elle m'a dit un jour en me regardant : « Je me tricote des souvenirs. » J'espère qu'elle en a aujourd'hui des pleins tiroirs et que la vie lui fut douce, peuplée d'amours aussi drôles que le furent les nôtres.

Au salon, sur les trottoirs de la rue Ordener, on me parle de mon combat. Mais alors que la veille encore j'aurais plastronné, m'inventant des prouesses, je ne ressens aucune joie, aucune fierté, aucun besoin de m'imaginer plus fort que je ne suis. La boxe, c'est vraiment fini pour moi. La semaine qui suit me paraît vide, malgré l'école. A quatre heures et demie, on fait de multiples parties de baby avec Franck et on va voir trois fois de suite un western de Gary Cooper et, malgré tout, cela m'ennuie profondément.

On est enfin samedi.

Franck n'étant pas là, je sors avec deux garçons amis de Nakache que je connais en fait assez mal. Il fait une belle soirée, nous avons nos vestes sous le bras et descendons vers Barbès.

« Tu flambes ? »

Je me secoue et sors de ma rêverie. J'adore regarder les feuilles des platanes.

« Euh !... non. »

Le gars qui m'a posé la question hausse les épaules. Il est plus vieux que moi, mais a une tête de moins : il s'appelle Berlinsky, Berlin pour les intimes.

L'autre, c'est Tranier. Un ricaneur de première bourre. Je n'ai vraiment aucune sympathie pour lui. En fait, je ne sais pas trop ce que je fais avec eux. Je préférerais au fond être seul. J'aurais pu passer la soirée chez Lucien-Philippe Moretti. Ça ne le gêne pas que je le regarde peindre et cela serait plus intéressant que de me trimbaler avec ces deux dandys, qui, visiblement, cherchent à m'épater.

« Vous flambez, vous? »

Tranier ricane du coin de la bouche.

« Un tout petit peu, hein, Berlin? »

Le ricanement redouble. Berlinsky me jette un œil méprisant.

« On fait des petits poks truqués avec des Amerlos.

— Ah! »

S'ils cherchent à m'épater, ils devraient moins parler. J'ai toujours eu l'intuition que les grands truands ne se vantaient jamais et que les petits rigolos parlaient toujours.

« On s'est fait un colonel à deux il y a huit jours, oh! le travail... »

Ricanements prolongés de Tranier.

« Vous avez gagné combien? »

Le ricanement continue. Il n'a peut-être pas entendu ma question.

« Vous avez gagné combien? »

Ricanement qu'interrompt Berlinsky.

« Boucle-la, mec. Faut pas être trop curieux dans ce métier. »

Vraiment, ils vont souvent au cinéma, ces deux-là ; mais, à force de jouer les George Raft et les James Cagney, ils ressemblent de plus en plus à Abbott et Costello.

« On prend un verre? »

J'aimerais mieux marcher, mais après tout, si ça leur fait plaisir... Et puis on sera pas mal à une terrasse à voir tomber la nuit...

J'aime ce boulevard, ça bouge. Là-bas, c'est le Moulin-Rouge, Pigalle de l'autre côté et les gens qui défilent le long des cinémas. Les soldats américains se font plus rares; des Noirs marchandent d'énormes chronomètres dans les encoignures des portes. Les marchands des quatre-saisons de la rue Lepic ont allumé les quinquets de leur charrette et dans la partie centrale du boulevard, sous les ombrages, les clochards sur leur banc s'installent pour la nuit, tirant sur leurs hardes la couverture crissante d'un vieux journal.

Je suis bien, si bien que j'en ai oublié mes deux gangsters à la mie de pain...

« On va chez Luce? »

Tranier ricane longuement.

Je sens que je ne vais pas rester très longtemps avec lui ou alors il va finir étranglé.

« Qui c'est, Luce ? »

Berlinsky regarde son copain et ils se mettent à se marrer.

« C'est pas mal, dit-il, un endroit où on rigole. Tu viens ? »

Je me méfie. J'entrevois vaguement de quoi il s'agit, mais je ne veux pas avoir l'air de me dégonfler.

« Pourquoi pas, si on rigole ?

— Pour rigoler, on rigole, dit Tranier.

— Alors, allons rigoler, dis-je.

— T'es un vrai rigolo, dit-il.

— J'aime bien rigoler », dis-je.

Berlinsky sent certainement que tout à l'heure on ne va plus rigoler du tout, car il interrompt très vite :

« Allez, on y va. »

Il toussote et ajoute, gêné :

« Tu peux régler, Jo ? »

Je ne dis rien, sors mon porte-monnaie et allonge les deux francs vingt-cinq. La vie augmente. Je regarde Tranier.

« Il s'est pas si mal défendu que ça, votre colonel ; je croyais que vous l'aviez plumé ? »

Ricanements de l'adversaire.

« On a dépensé pas mal ces temps derniers, mon petit pote.

— C'est vrai, dis-je, j'oubliais que vous êtes des rigolos. »

On se lève. Berlinsky s'approche de moi :

« T'es à la coule pour les nénettes ? »

Le trac à nouveau, pire qu'avant de monter sur le ring.

« Explique-toi.

— Ben oui, quoi, dit Tranier, t'as quand même bien couché avec une fille ? Tu vas pas me dire que t'es puceau ? »

Il se dandine, cet abruti, tout faraud, les mains dans les poches.

« Je n'ai pas couché avec une fille », dis-je.

Ses yeux s'arrondissent de surprise, il va éclater de rire.

« J'ai couché avec trois cents filles. »

Il ne va plus éclater de rire du tout. On dirait qu'il vient de ramasser un uppercut du droit de Rocky Marciano.

« Allez, venez »

Nous quittons le boulevard de Clichy pour grimper une de ces ruelles qui lui sont perpendiculaires. Sur le pas des portes, des filles attendent. Sur les pavés du trottoir, des hommes ralentissent, échangent quelques mots murmurés, s'éloignent ou suivent la fille dans des escaliers étroits et mal éclairés. C'est sans doute ce que l'on appelle le Gay Paris.

« C'est ici ! »

Un café minuscule. On ne voit rien de

l'extérieur. A travers les stores, seule une lumière rouge filtre, ténue.

« Bonjour, madame Luce.

— Bonjour, les enfants. »

Je la regarde, éberlué. Elle doit dépasser les deux cent quarante livres. Elle serait bien dans une baraque foraine. Je serre la main qu'elle me tend : la chair est si boudinée autour des bagues qui cerclent ses doigts qu'il doit falloir une scie à métaux pour qu'elle puisse les sortir.

« Et comment il s'appelle, ce grand jeune homme ?

— Jo », dis-je.

Elle a un regard effroyablement investigateur ; dans la face épaisse aux joues tremblotantes et gélatineuses, les yeux sont seuls vivants ; elle se penche et sa poitrine s'écrase contre le rebord du comptoir en formant des vagues successives.

« Et quel âge a-t-il, ce grand garçon ? »

Avec mon mètre soixante-quinze, il m'est tout de même permis d'exagérer un peu. Je vais avoir quinze ans dans un petit mois et ça ne serait pas un bien gros mensonge de prétendre en avoir seize, même dix-sept ; non, ça serait trop. Coupons la poire en deux :

« Seize ans et demi », dis-je.

Le poing massif de Luce fait trembler les verres.

« Fous le camp » ! hurle-t-elle.

J'en dégringole de mon escabeau. Furieuse, la mégère s'est retournée sur Berlinsky :

« T'es pas dingue de m'amener ce mec ? Si les Mœurs font une descente, tu vois où je vais plonger ? Pas de mineurs ici, cassez-vous.

— Mais, madame Luce, bêle Tranier.

— Cassez-vous vite fait ou j'appelle Louison. »

Du fond du bar, une masse informe s'agite, on distingue vaguement dans la pénombre un crâne chauve, une oreille en chou-fleur, le tout ressemblant au rocher de Gibraltar. Ce doit être Louison.

Dehors, les deux lascars m'agressent, surtout Tranier.

« T'es pas dingue, non ? Tu pouvais pas dire que tu avais douze ans, pendant que tu y étais ? T'es vraiment pas un mec qui comprend vite. »

J'en ai marre de ces deux-là.

« T'as raison, dis-je, j'ai pas compris assez vite que je n'avais rien à faire avec deux types comme vous ! Salut. »

Tranier, suffoqué, s'exclame :

« Ça alors, c'est la meilleure ! Nous qui voulions t'amener voir les putes !

— J'en veux pas, des putes, dis-je, je suis assez grand pour me trouver une fille si je veux.

— C'est ça, dit Berlin, va jouer au square. »

Je m'en vais et les laisse plantés furieux sur le trottoir. Finalement, cela m'arrange. C'est vrai que je suis puceau. Et après? Tout le monde l'est de toute façon dans les débuts, alors il n'y a pas de honte.

Bien sûr, tout le monde l'est plus ou moins longtemps. Et moi, j'ai souvent l'impression que, pour moi, ça traîne. Mais les filles de Barbès, je ne sais pas pourquoi... ça m'intimide. Pas qu'elles, d'ailleurs, toutes les filles m'intimident. J'ai toujours été comme ça. A l'école, l'année dernière, il y avait une grande blonde, Béatrice, la plus grande de la classe; elle n'arrêtait pas de me regarder, peut-être parce que j'étais le plus grand de la mienne. Forcément, la hauteur, ça rapproche. Eh bien, il n'y a rien eu à faire : je n'ai pas pu lui parler.

Pourtant Franck m'a drôlement encouragé : « Allez, Jo, vas-y, bon Dieu, elle te veut, je te dis, tu t'amènes et elle est à toi, tu souffles : elle tombe, tu siffles et elle vient, je le sens, c'est dans la poche... » Il m'a cassé les pieds plus d'un mois avec son histoire, et moi, j'ai joué les gros bras : « Vends ton chewing-gum, Franck, on est des hommes d'affaires; les filles, c'est pour les vacances, on n'a pas le temps. »

Ah! j'en ai trouvé, des excuses!... Mais j'en

mourais d'envie, moi, de lui parler, à Béatrice ; j'en ai rêvé, j'en ai fait des promenades avec elle ! Je ne nous imaginais pas dans le quartier. Je préférais nous voir dans des endroits plus sélects, plus éthérés : on ferait de la bicyclette au bois, le matin, on tournerait autour des lacs, il ferait frais et chaud à la fois, il y aurait du soleil et des canards, nous nous marierions, on serait heureux.

Alors, malgré les occasions, je ne suis pas allé voir les filles et le résultat de tout cela, c'est que je me promène tout seul dans Paris, un peu triste, un peu lourd d'amour sans but...

Je vais voir Moretti. Après tout, il n'est pas tard et, de toute manière, je sais que je peux arriver chez lui à neuf heures du matin, il ne me fera pas de reproche.

Métro Abbesses. Je coupe par le square Girardon. Sous les arbres, des couples s'enlacent et j'avale ma salive. Décidément, c'est la soirée sentimentale. Aucun doute là-dessus.

Il y a du monde à *La Crémaillère*.

C'est alors que j'ai l'idée de m'y arrêter pour, peut-être, y trouver des copains, parce que j'ai un peu soif, parce que j'aime bien du fond du jardin regarder Paris dans la brume...

Est-ce le destin, comme disent les chansons ?... Je ne sais pas vraiment ce qui m'a décidé, mais j'ai bien fait d'y entrer, dans cette

Crémaillère..., parce que c'est là que je devais la rencontrer... Oui..., elle...

Je sens que la vie est belle. L'été approche et il est bon d'être dans ce coin de Paris où il y a du vert qui ne demande qu'à pousser... Un peu de campagne.

Je suis jeune, je suis libre. Évidemment, il y a le certif dans deux mois, mais, c'est drôle, ça me coûte moins de le passer... Depuis que je me suis retrouvé contre ce sacré Kernadec entre douze cordes, que j'ai vu que la boxe ce n'est pas comme lorsqu'on imagine des combats du fond de son lit, j'ai comme l'impression d'être un peu plus calme, un peu plus sage, un peu plus posé...

Enfin, un tout petit peu...

13

« Jo ! Qu'est-ce que tu fais là ? »

C'est Lesourd. Un habitué du salon, un copain de Henri, mon frère aîné. Un passionné de boxe. Costaud et sympathique, le sportif aux cheveux en brosse. Il est là, à *La Crémaillère*. Il est entouré d'une bande de joyeux drilles. Je serre des mains à n'en plus finir, tandis qu'il me présente :

« Kid Jo, le plus grand boxeur de la plaine

Clignancourt. Vous l'avez pas vu samedi à Pantin? Une pêche terrible, mais tu vois, Jo, t'as une faiblesse; c'est les abdominaux. »

Je ne comprends pas de prime abord le gémissement que poussent ceux qui l'entourent.

« Tu nous bassines, Roger, avec tes abdominaux... T'arrêtes pas d'en parler. »

Roger Lesourd écarte sa cravate, sort sa chemise de son pantalon et montre son torse.

« Regarde ça, Jo. »

Je regarde. Il faut dire que c'est impressionnant : un quadrillage serré comme sur les statues du musée du Louvre, mais ici c'est vivant, ça roule sous la peau comme des anguilles.

Lesourd se gifle le ventre et proclame :

« La plus belle ceinture abdominale de l'univers. »

Les autres autour soupirent. Le garçon bâille, détaché. Il doit connaître le numéro.

« Tâte-moi ça », poursuit Roger.

Je touche de l'index, mollement.

« C'est dur », dis-je poliment.

Exclamation de Lesourd.

« C'est dur? Tu plaisantes, c'est de la pierre. »

Dans le fond, une voix avinée avance :

« Ça veut pas dire pour ça que ce soit du solide. »

Lentement, Roger Lesourd se retourne. Il

ressemble soudain à un tigre blessé. Il marche vers le contestataire et désigne son ventre contracté où les muscles foisonnent, chacun doué d'une vie propre.

« C'est pas solide, ça ? »

L'autre est un brave vieux qui semble tenir une joyeuse secouée. Les veinules de son nez brillent, couleur lie-de-vin, sous le néon.

« J'te dis pas que c'est pas solide, j'te dis que c'est pas sûr que ce soit du solide. »

Grognement de Lesourd.

« Et moi, je te dis que c'est du solide.

— Et moi, je te dis que c'est pas parce que tu dis que c'est du solide que c'est du solide. »

Lesourd croise les bras, les pans de sa chemise volent dans l'air.

« Eh bien, je vais te prouver que c'est du solide. »

Le petit vieux plonge le nez dans son verre de sauvignon et je me demande s'il va parvenir à le ressortir. Il y arrive sans trop de mal.

Le cercle s'est formé autour de Roger qui m'attrape par le bras.

« Jo, t'es ben boxeur ?

— Non, enfin... oui...

— Bon. Tu sais donner un coup de poing ? Tu l'as appris à la salle ?

— Oui.

— Alors, vas-y. »

Je reste suffoqué. Il est devant moi, campé sur ses jambes écartées, le ventre à nu.

« Vas-y à fond, Jo, mets le paquet, n'aie pas peur. »

Remous dans la salle, les curieux se rapprochent. J'en vois même qui quittent leur table pour venir voir plus près le spectacle.

« J'te dis pas que c'est pas solide, reprend le vieux, je dis qu'il se pourrait peut-être que ce soit solide, tu sens la nuance ? »

Lesourd néglige l'ivrogne : son honneur est en jeu. Il tient à faire la démonstration que ses abdominaux sont en bronze. Chacun place cet honneur où il peut.

« Alors, Jo, lance une voix dans la salle, tu te dégonfles ? »

Je sursaute.

« T'es prêt ? »

Lesourd se contracte.

Je lance ma droite sans conviction.

Lesourd sourit. Murmures de déception dans l'assistance.

« Jo, dit Roger, je ne t'ai pas demandé de me faire des chatouilles, je t'ai dit de cogner avec tout ce que t'as dans le ventre.

— Prends un vrai cogneur », lance une voix au-dessus des têtes.

A présent, mon honneur est engagé. Lesourd, le sourire jusqu'aux oreilles, me fixe.

« N'aie pas peur, avec un camion de briques j'arriverais peut-être à sentir quelque chose, mais t'as aucune chance. »

Je retrousse ma manche au milieu des quolibets. Après tout, ça a l'air vrai qu'il a une ceinture abdominale comme une cuirasse de char d'assaut, alors, tant qu'à faire, autant mettre le paquet. De toute façon, il n'en mourra pas.

Je recule d'un petit pas, aspire fortement, tandis que le silence tombe d'un coup. J'imagine que c'est un sac de sable. J'agis comme me l'a appris M. Raymond. Léger balancement pour donner de l'élan, en appui sur la jambe, un quart de tour sur la hanche opposée et tout le poids dans le poignet. Un geste court, de ces gestes qui impressionnent ceux qui savent, alors que les coups qui partent de loin les font sourire.

Ran !

Mon poing rebondit. Lesourd sourit toujours.

« Joli coup de poing, Jo », dit-il.

Il me serre la main et s'écroule soudain comme les chutes du Niagara. Le plancher en tremble.

Le patron s'approche et arrose à l'eau de Seltz le brave Roger qui grimace.

L'ivrogne se rapproche en titubant.

« Tu vois que c'est pas si solide au fond que tu croyais, remarque j'ai pas dit que…

— Ça va, gémit Roger, exaspéré, ça va..., pense à autre chose. »

Sacré Roger! Je ne me risquerais plus aujourd'hui à lui envoyer mon direct au foie. Il y a une raison majeure qui m'en empêcherait. Il est devenu depuis ce temps champion de karaté sixième dan.

Quant à moi, je descends la manche de ma chemise et m'arrête soudain.

Près de la porte du fond qui mène à la terrasse, elle est assise et me regarde, amusée.

Elle est très belle. Agée : je lui donne bien vingt-cinq ans! Et je sens les joues et les oreilles qui me piquent : c'est maladif, je sais que je deviens écarlate, et le pire de tout, c'est que cela ne m'arrive qu'avec les femmes. Je m'éloigne un peu et la regarde par le jeu des glaces. Ses cheveux sont courts, ce qui est rare pour l'époque, à peine maquillée, elle a..., mon Dieu, comme c'est difficile à décrire, une femme! Ce qui me frappe le plus en cet instant, c'est que tout sourit en elle, non seulement ses lèvres mais ses yeux, son visage.

Bon sang, celle-là n'est pas une fille pour les vacances. C'est une fille pour tout de suite ou pour jamais et pour garder toujours. Pas de demi-mesure. Il faut que je l'épouse, que je la sauve des flammes, de la noyade, que je l'emmène à Venise, sur l'Amazone, aux Amériques,

CAFE
LA CREMAIL

nous ferons des croisières, nous visiterons l'univers, dans des palaces, sur des yachts, dans des avions, je couperai pour elle des tonnes de cheveux. Elle me sourit toujours, ses lèvres dessinent... Je ne sais pas ce qu'elles dessinent, mais il est évident qu'elles dessinent quelque chose et que ce quelque chose me fait fondre le cœur et tout ce qui l'entoure.

Jo, vas-y, Jo, toi le roi du chewing-gum, le prince du ring, toi qui as échappé à tout le IIIe Reich lancé à tes trousses, fais quelque chose, car elle ne va pas rester là toute la nuit à te sourire. Si elle voit que tu ne te décides pas, elle va sortir, avec un autre peut-être, une sombre brute alcoolique qui va la prendre dans ses bras, la jeter contre un mur dans une ruelle déserte et la brutaliser... L'ignoble salaud... J'imagine le pire...

Allons, Jo, tu ne peux pas laisser faire ça, tu dois intervenir. Qu'est-ce qu'il disait l'autre jour, Errol Flynn, dans ce film où il tombait toutes les stars? Impossible de me rappeler. Il faut inventer, trouver la formule poétique, puissante, celle dont elle se souviendra tout le reste de sa vie, qu'elle fera graver. C'est capital, la première phrase... Ses yeux pétillent incroyablement.

Je peux lui dire ça : « Mademoiselle, vos yeux pétillent. »

Un peu court.

Il faut rallonger la sauce, sinon elle va me prendre pour un imbécile... Qu'est-ce qui pétille?... « Mademoiselle, vos yeux pétillent comme du champagne. »

Nettement mieux. Pas mal du tout, même. Allons-y avec ça et on verra bien la suite.

Je traverse la salle. Plus j'avance et plus elle me sourit. Elle a déjà un geste léger du bras pour m'inviter à m'asseoir à sa table. C'est le moment où l'ivrogne étend les jambes avant de s'endormir pour le paradis des ivrognes. Je bute contre sa cheville et m'envole gracieusement. Tout juste si je ne bats pas des ailes et... je me dépose humblement au pied de la bien-aimée. Comme je suis assez têtu de nature, il en faut un peu plus pour me faire changer d'idée. Si ce n'est pas verticalement que je prononce ma phrase, ce sera horizontalement, mais de toute manière elle sera dite.

« Mademoiselle, vos yeux pétillent comme du champagne. »

Silence. Derrière nous, Lesourd et son équipe mènent toujours joyeuse vie. Ils n'ont rien vu, grâce à Dieu. Ils m'ont oublié. Je me relève, l'air dégagé. Elle n'a même pas ri. C'est une femme du monde.

« Buvez-en une coupe avec moi, dit-elle, vous ferez la différence. »

Je m'assois, jambes coupées. De loin elle est belle, de près c'est encore mieux. Je cherche à dire quelque chose, mais je n'arrive pas à trouver quoi. Sa main se pose sur mon avant-bras.

« Vous semblez très fort, dit-elle, vous lui avez donné un coup de poing très violent. »

Il y a de l'admiration dans sa voix. Je me rengorge.

« J'ai fait un petit peu de boxe, dis-je modestement, je me défendais... »

Elle s'approche plus près encore. Ses cheveux sentent un parfum bien meilleur que celui dont on se sert au salon. Elle ne doit certainement pas se parfumer à la porte de Clignancourt. C'est comme si elle avait toutes les odeurs de ce printemps sur elle.

« Vous faisiez des matches ?

— Quelques-uns..., oui, quelques-uns.

— Et... vous avez gagné ?

— Par K.O. En général dans les premières reprises. »

Sa main remonte et m'effleure le biceps. Je recevrais une décharge de 220 volts que ce ne serait pas pire.

« Vous êtes vraiment très, très, très fort. »

Ce n'est pas une voix, c'est une musique, une flûte dans les bois.

Le champagne est là sur la table. Je me demande bien comment il y est venu.

« Tchin-tchin. »

Nos coupes se touchent. Je me recule tant que je peux, mais j'ai toujours sous la table son genou qui effleure le mien. C'est vraiment très étroit, *La Crémaillère.*

« Vous vivez avec vos parents ? »

Je proteste vigoureusement :

« Non, non… J'ai un appartement… Oh ! pas très grand. Quelques pièces… »

J'écarte encore une fois mon genou, mais c'est son pied à présent qui touche le mien. Elle n'aurait pas un regard si angélique que je croirais qu'elle le fait exprès, ce qui est évidemment impossible.

« Et vous avez bien une petite amie…

— Des petites amies ? Moi ? Je dois en avoir à peu près cinquante mille. »

Je ris et je me rends compte que je n'ai jamais entendu résonner sous la calotte des cieux un rire aussi bête. Je dois être couleur pivoine.

« Quelques-unes mais… aucune qui compte. »

J'accompagne ma phrase d'un geste catégorique du plat de la main qui balaie toutes ces filles folles de moi et les projette dans les plus lointaines ténèbres.

« Il y en a de jolies ? »

Je la regarde et murmure :

« Aucune n'est aussi belle que vous. »

J'ai la sensation soudaine d'avoir été absolument sublime, un peu osé peut-être, mais génial malgré tout. Elle bat des paupières délicieusement et semble ravie. Je sens son mollet contre le mien à présent.

« C'est très gentil, Joseph. »

Adorable. Tout simplement adorable : elle sait déjà mon prénom. Je nage dans le bonheur.

« Vous vous appelez bien Joseph, n'est-ce pas?

— Oui. »

J'aspire un grand coup comme lorsque l'on prend son élan du grand plongeoir avant de s'élancer dans la piscine et je lance :

« Et vous?

— Bernadette. »

Bernadette! Absolument formidable, ça ne pouvait être mieux, ça lui va comme un gant et puis ce n'est pas commun, c'est autre chose que Marcelle ou Paulette ou Béatrice, tous ces noms à la gomme, complètement vulgaires et débiles.

« J'aime beaucoup Bernadette.

— J'en suis ravie. »

Je la regarde, béat. Je me demande comment il se fait que mes yeux soient encore dans leurs orbites.

Elle frissonne. Dix ans de ma vie pour avoir des fourrures et l'en envelopper des pieds à la tête.

« Voulez-vous ma veste? »

Elle a un sourire de reconnaissance infinie et je me liquéfie complètement. Je suis plus groggy que samedi dernier. Je lèche littéralement le plancher.

« J'accepte avec plaisir. »

Elle la pose sur ses épaules et je la regarde. Je ne savais pas que ma veste était aussi immonde, on dirait un sac de pommes de terre usagé entourant un bouquet printanier.

« Je dois partir, dit-elle, m'accompagnez-vous? »

Je me lève d'un bond, me cogne la cuisse contre la table, la hanche contre la banquette, la tête contre une étagère.

« Bien sûr, Bernadette, je, oui..., avec plaisir. »

Nous voici dehors. Je flotte sur un nuage. Nous flottons ensemble, c'est magnifique, c'est merveilleux, c'est grandiose, c'est terrifiant, c'est bath.

« Je n'habite pas loin..., dans l'avenue Junot, au tournant. »

La rue est en pente, nos épaules se frôlent, divine sensation. Comme ce retour va être court! Il faut que je lui demande un rendez-vous, que je la revoie, demain matin par exemple.

Encore dix ans de ma vie pour que les copains me voient. C'est autre chose que le certif!

« Je suis arrivée. »

Je me sens abattu soudain, ça va être un déchirement de la quitter. On ne peut pas quitter les anges. Je lève les yeux : c'est une très belle maison avec un superbe balcon. Je sens que je vais rester là toute la nuit à faire des poèmes. Je n'ai jamais essayé, mais ça ne doit pas être plus difficile qu'autre chose... Je suis Jo la Sérénade.

« Bonsoir, Bernadette. »

Je lui tends la main, mais elle ne la prend pas... Dans le noir, son sourire semble s'accentuer et il y a comme un éclair de malice dans ses yeux.

« Cela vous intéresserait de voir où j'habite? »

Le ciel s'entrouvre, un immense soleil tournoie : je ne vais pas la quitter tout de suite.

« Oh! oui! »

Elle s'enfonce dans un couloir et me prend la main. Je sens mon cœur battre jusqu'au bout de mes doigts. Je suis amoureux, cela ne fait pas l'ombre d'un doute. Amoureux comme il n'est pas permis de l'être. Si elle me demande de sauter de son balcon, j'arriverai en bas avant qu'elle ait fini sa phrase. Personne n'a jamais connu ça.

L'ascenseur est minuscule et je tente désespérément de me coller à la paroi, mais il n'y a rien à faire. Elle est là toute proche, si proche que ma bouche effleure son front diaphane et radieux de pure jeune fille. Mon Dieu, que d'émotions. Jamais je ne saurai raconter ça à Franck ni à Jeannot, jamais ils n'ont dû connaître cette tendresse, cette douceur. Je vivais comme eux dans un monde vide, dur, empli de coups de poing, de chewing-gum collant, de cafés bruyants, de baby-foot, et tout d'un coup, brutalement, sans transition, me voici au paradis, contre ce corps splendide et virginal et… troisième étage.

La porte s'ouvre.

C'est fabuleux. Le décor qui lui convient : des murs blancs, des voiles vaporeux, dans des cadres chantournés. Des nymphes s'ébattent sur des collines, des bouquets de roses autour du cou comme des Américaines en voyage à Tahiti. Contre un mur, une statue de femme nue…, une autre dans le couloir… C'est étonnant le nombre de femmes nues qu'il peut y avoir dans cet appartement.

Il y a des petites tables dorées un peu partout avec des bibelots en verre filé, en général des femmes nues là aussi.

« Asseyez-vous, Joseph, je vais vous chercher à boire. »

Je me pose le bout des fesses sur un sofa

qui s'enfonce. Qu'est-ce qu'elle peut bien faire comme boulot pour avoir autant d'argent? Sans doute lui suffit-il d'exister, c'est comme cela que les choses se passent avec les fées.

En tout cas, tout est merveilleux, délicat, blanc, lumineux et fragile. C'est le contraire de chez moi ici, tout est en biscuit et...

Seigneur!

Elle a changé de vêtements. Comme dans les films. C'est vrai qu'avec cette chaleur on aime bien être à l'aise. D'ailleurs, la sueur me colle la chemise dans le dos, elle a raison, après tout elle est chez elle.

C'est ce genre de truc moussant qui doit s'appeler un déshabillé. Ça mérite bien son nom, d'ailleurs. Je ne vois pas lequel on pourrait lui donner à part celui-là. C'est très joli pour le peu que je puisse en juger, car c'est très gênant de regarder un vêtement qui n'existe pratiquement pas.

« Buvez, c'est très bon. »

Elle me tend un verre. Elle est encore toute proche et son parfum s'est encore accentué. Elle adore voir les gens de très près, cela ne fait pas de doute, peut-être une légère myopie. Mon cœur bat comme un tambour.

Je bois. C'est une sorte de sirop au début et, après, cela devient très fort, envahit la gorge et brûle incroyablement.

« De la chartreuse, dit-elle ; vous aimez cela, Joseph ?

— Oh ! oui, mademoiselle. »

Je ne me connaissais pas du tout cette voix de fillette suraiguë.

Elle rit, et dans le mouvement le pan de son truc transparent s'écarte et je vois sa jambe – quand je dis la jambe, j'entends la partie qui se trouve non pas entre le genou et le pied, mais l'autre, celle qui est entre le genou et le reste.

Elle ne semble pas s'en être aperçue et c'est très gênant de le lui faire remarquer.

« Viens ! »

Tutoiement soudain qui me coupe le souffle.

« Où ça ? »

Elle éclate de rire. Personnellement, je ne vois pas ce qu'il y a de drôle.

« Par ici. »

Je la suis, un peu chancelant. La moquette neigeuse étouffe nos pas, le couloir défile ; une porte s'ouvre.

Je ne vois qu'une chose : le lit.

Gigantesque, blanc lui aussi, et toujours et partout, sur les murs, ces tableaux de dames toutes roses.

Bernadette ferme la porte, s'élance sur moi ; sous le choc, je recule de deux pas, m'écroule avec elle sur le lit, nous rebondissons ensemble et, tandis qu'elle m'embrasse avec emportement, une grande lueur se fait dans mon esprit : je viens de comprendre ce qu'elle veut.

Les hommes sont drôles. Je me souviens très bien, malgré la distance, que mon sentiment dominant a été une sorte de déception, de regrets. Je l'avais déjà placée si haut, Bernadette ! J'aurais peut-être aimé qu'elle fût du domaine de l'inaccessible : la femme insaisissable des amours éthérées. Je m'aperçus qu'elle n'était pas éthérée du tout et, le souffle court, je me trouvai en un tour de main vêtu de ma seule peau. Rejetant alors mes regrets, je me lançai, plein de ferveur, à la découverte du corps de Bernadette, avec l'idée vague, noyée dans les mélanges molletonnés du champagne et de la chartreuse, que j'avais une chance inouïe à quatorze ans d'avoir déjà rencontré la femme de ma vie et la crainte justifiée que ni Franck ni Jeannot ne me croiraient.

Quant à Henri, s'il savait cela, il n'insisterait plus tellement pour me faire passer des diplômes, parce que Casanova n'a pas besoin de certificat d'études.

« Joseph… »

Le chuchotement s'accentue.

« Joseph… »

Je me soulève sur les coudes.

D'abord, je ne sais plus où je suis, puis les souvenirs reviennent. Et quels souvenirs !

Elle est là, assise dans le noir. Le clair de lune joue sur ses épaules.

« Écoute... »

J'écoute vainement. Pas un son, sinon des craquements indistincts.

« Qu'est-ce qu'il y a ?

— Pas si fort, souffle-t-elle, je crois qu'on a frappé. »

Je m'étire.

« Tu as dû rêver. »

Au moment où ma nuque va s'enfoncer à nouveau dans l'oreiller, je refais surface. Pas de doute, on vient cette fois de frapper à la porte, et la personne qui frappe semble être quelque peu énervée.

Bernadette s'est levée d'un bond et me pousse quelque chose dans les bras que je ne reconnais pas sur le moment et qui se révèle en fin de compte être mon pantalon.

« Le balcon, dit-elle, va sur le balcon. »

Le beau balcon sous lequel je voulais chanter la sérénade ! Mais ce genre de chose n'arrive qu'au théâtre, et encore pas dans tous, uniquement sur les boulevards. Et puis qui est-ce qui peut frapper à une heure pareille ?

« Mais pourquoi je dois aller sur le balcon ? »

Je dois avoir l'air tellement misérable que Bernadette me pousse rapidement vers la porte-fenêtre et écarte simplement le bras.

« Parce que mon mari est sur le palier. »

Patatras! Elle est mariée, ma diaphane Bernadette. Ce n'est pas possible qu'une chose aussi répandue existe vraiment : le mari, la femme et l'amant; le mari à la porte, l'amant sur le balcon et... Encore beau qu'il n'ait pas les clefs! Sinon mon premier amour finissait par un drame.

C'est qu'il commence à s'impatienter. La cage d'escalier doit résonner.

Pas si chaude que ça, la nuit. J'enfile ma chemise, ma veste, mon pantalon, mes chaussures. Par où fuir? Il y a des moments où l'on donnerait cher pour être un oiseau. S'il s'agit d'un fou furieux, s'il se doute de quelque chose, s'il apparaît ici, s'il se jette sur moi, s'il m'assomme, s'il me jette par-dessus la balustrade... Ça fait pas mal de si, évidemment, mais on a vu arriver des choses plus curieuses. Dans quel guêpier je me suis fourré! Ah! j'ai bonne mine avec ma pure Bernadette! Moi qui voulais l'emmener à Venise pour notre voyage de noces! De chaque côté du mur, la lumière s'éclaire : ils ont allumé. J'entends des bruits de voix : il est rentré.

Doucement, comme un espion, je jette un œil indiscret.

Je le vois : un monsieur souriant, à moustaches, pas du tout en colère. Je perçois vaguement les explications de Bernadette : elle a mis le verrou machinalement… Il avait donc les clefs ! je l'ai échappé belle !… Ils ont l'air de s'entendre le mieux du monde… Mais qu'est-ce qu'il fait ? Qu'est-ce qu'il fait ? Ma parole ! Il se déshabille !

Bien sûr qu'il se déshabille, quel idiot je suis ! Il est chez lui, cet homme, après tout, et il va se coucher, ce qui est tout à fait normal étant donné l'heure… Ce qui est moins normal, c'est que je sois là, moi. Et si lui se couche, moi, je reste. Et s'il lui prenait envie de dormir trois jours, je serais là trois jours. Mais on va me voir ! Dès que le jour se lèvera, les gens vont pouvoir m'admirer. Il y a toujours des ménagères matinales qui secouent leur chiffon dès que le soleil se lève et elles vont m'apercevoir… Je pourrais, bien sûr, leur dire bonjour gentiment, faire celui qui prend le frais…, mais si ça dure trois jours je ne vais pas leur faire des sourires pendant tout ce temps… Et puis l'autre aussi peut venir prendre le frais et ça l'étonnera sûrement de trouver quelqu'un sur son balcon.

Je n'aurais jamais cru qu'une soirée chaude puisse être suivie d'une nuit aussi fraîche. La même chose se produit, paraît-il, dans le Sahara…

Quelle heure peut-il bien être ? Et puis cette

liqueur que j'ai bue, ce champagne, tout cela me barbouille. Ah! je m'en souviendrai, de ma première pépée! Sacrée Bernadette, si pure et si diaphane…

Qu'est-ce que ce bruit?

Décidément, c'est la soirée des bruits…, c'est comme si quelqu'un sciait quelque chose de dur. Il n'y a pourtant pas de prison à Montmartre pour qu'un prisonnier cherche à s'évader… On dirait pourtant bien un raclement de fer contre du fer.

La rue est totalement vide… Évidemment, tout le monde dort à cette heure, à part moi!

Ça vient de derrière moi…, de la chambre.

Je colle mon oreille : c'est lui qui ronfle.

Solide ronflement. Je me demande comment Bernadette peut dormir avec un tel bruit dans les oreilles…

Les dessous des pieds me brûlent. Combien y a-t-il de temps que je suis là? Une heure ou plusieurs? C'est difficile à évaluer. La nuit est toujours aussi noire, aucune modification à l'horizon. Il est possible, d'ailleurs, que le soleil ne se lève plus. Je resterai éternellement sur mon balcon, j'y vieillirai transi de froid. Je m'assieds, et la pierre glacée traverse la trop fragile protection de mon pantalon. Je vais m'enrhumer. Je sens que je vais m'enrhumer.

Je suis vraiment le roi des jobards.

Inflammable comme une allumette, le petit père Joseph. Amoureux en dix secondes et voilà le résultat : la pneumonie double qui ne saurait tarder.

Genoux remontés, la tête dans les bras, il faut que je pense à autre chose : je suis devant un bon feu, il fait très chaud, je vois les flammes danser, rouges dans le bas, jaunes lorsqu'elles montent ; cette couleur me fascine, j'ai envie de me pencher, de m'enfoncer dans ce brasier qui m'attire et que je redoute à la fois ; voilà, ça y est, je tombe doucement, un lourd papillon, une voltige, tout est rouge ici, puis les couleurs décroissent et du fond des vapeurs une forme surgit : c'est une femme, elle est très belle, je la serre contre moi. « Je m'appelle Bernadette. » C'est idiot de ne pas l'avoir reconnue, elle me prend par la main et nous traversons d'étranges lieux à la fois grottes et palais. Derrière des colonnades, qui sont des stalactites, on distingue des femmes aux épaules ruisselantes sur lesquelles se reflètent de rouges lueurs. « Viens. » Je la suis. Il fait frais soudain dans l'immense pièce où nous aboutissons. Ses lèvres s'approchent des miennes, je me penche et un bruit nous sépare : derrière nous, sur un autel de pierre écarlate, dort un homme à moustaches ; il a deux cornes et une queue et c'est à ces deux excroissances que je reconnais le diable. Bernadette s'enfuit avec un cri étouffé ; je cours après elle dans un dédale de couloirs, mais elle court trop vite pour moi, elle se faufile dans des interstices où je ne me glisse qu'avec peine ; elle va disparaître, sa silhouette devient plane, je pousse une porte et le froid me saisit soudain. J'ignore où je suis, sur un balcon sans doute, car il me semble distinguer des arbres en contrebas derrière le parapet de pierre. Je m'assois, encercle mes genoux de mes bras et me réveille.

La nuit est toujours aussi noire. Rien n'a bougé. Derrière, la scierie continue. Ai-je dormi trente secondes ou trois heures ? Je n'en sais rien. En tout cas, la situation ne s'est pas améliorée. Elle est même strictement la même.

Je renverse la tête. Il y a une étoile là-haut, accrochée entre les toits... Je ferme les yeux, le froid est moins mordant, je vais sombrer à nouveau, je sens que le sommeil m'emporte, qu'il fond sur moi et que...

Dodo.

« Joseph.

— Fous-moi la paix, dis-je, c'est pas l'heure.

— Joseph, réveille-toi.

— La barbe !

— Mais enfin, Joseph... »

Henri me secoue à présent par l'épaule. Ce

qu'il est emmerdant, ce type! J'ouvre un œil furibard.

Curieux spectacle.

Ce n'est pas Henri et je ne suis pas dans ma chambre. Sur un fond d'aurore parisienne, une fille à cheveux courts, en chemise de nuit à frous-frous, se penche sur moi. Je me retourne et mes reins douloureux m'arrachent un gémissement. J'ai l'impression d'avoir passé la nuit dans un concasseur.

« Chut! »

Elle porte un doigt au centre de ses lèvres.

« Viens, ne fais pas de bruit… »

Totalement vaseux, je la suis comme tout à l'heure dans le rêve. Nous rentrons dans la chambre et je distingue le rectangle du lit. Une forme sous le drap. Nous glissons comme des ombres. Je suis Bernadette comme on suit une ouvreuse de cinéma. Je suis sauvé. La scène du balcon se termine. Roméo va quitter Juliette, mais nous ne sommes pas à Vérone et nous vivons en 1946.

Avec d'infinies précautions, elle entrouvre la porte de l'appartement. Dans quelques secondes je serai libre.

Nous nous regardons. Il y a beaucoup de choses dans son visage en ce moment : une envie de rire, car c'est vrai que nous fûmes en plein vaudeville, et un peu de tristesse qu'il en soit ainsi, car après tout, qui sait..., nous aurions pu connaître quelque chose de différent... Qui peut le savoir?...

Avant que je ne m'enfonce dans l'escalier, elle pose sa main sur mon bras.

« Au revoir, Joseph.

— Au revoir, Bernadette. »

Il y a quand même quelque chose que j'aimerais savoir.

« Explique-moi comment cela se fait qu'*il* est arrivé.

— Il est voyageur de commerce, chuchote-t-elle, il est représentant en trousseaux de mariés.

— Rebonsoir, Bernadette. »

Ainsi finissent nos premières amours.

Dans les années qui devaient suivre, je l'ai revue quelquefois, au hasard des bals et des cafés qui cernent Montmartre, toujours galamment accompagnée et jamais de son ronfleur moustachu. Elle avait toujours son air d'infinie douceur et semblait la femme la plus heureuse du monde ; sans doute l'était-elle. Comme elle me l'avait dit, elle se tricotait des souvenirs. J'espère, Bernadette, si vous lisez ces lignes aujourd'hui, que le tricot se continue toujours. Je n'ai jamais osé vous approcher à nouveau, car, malgré le froid de la nuit, le gris de la pierre et le ridicule de la situation, j'ai toujours conservé un souvenir ému de cette nuit-là et j'ai voulu préserver intacte cette première aventure, cette première femme, ce premier amour, le temps d'une soirée. Qui sait, si elle n'avait pas été mariée, elle m'aurait peut-être emmené aux Amériques?...

Les yeux ouverts dans le noir, je me dis que les échecs s'accumulent. Le trafic, la boxe, l'amour et les chemins de la gloire sont encore bien loin. Le certif, lui, est beaucoup plus près... Je me demande si je ne vais pas devoir réenvisager mes positions...

Qui vivra verra.

14

Juin. Le certif (toujours lui) à la fin du mois. Le 18 est un jour férié et tombe un vendredi. On ne travaille pas le jeudi, on fait le pont le samedi, ça nous fait des vacances du mercredi soir au lundi matin. Le jour, Paris est très beau, mais je me sens des envies de mer et de plage. Il y a bien longtemps que je n'ai pas couru autre part que dans des rues en pente et j'ai envie de sentir un vent plus violent me fouetter le visage.

Le frangin est au salon et ne peut le quitter ; avec qui partir, tenter l'aventure ? Franck et Jeannot, bien sûr. Au fait, Franck manque l'école depuis trois jours. Qu'est-ce qu'il peut bien trafiquer ?

Par la rue Ordener, je gagne sa maison. C'est la baraque la plus étroite de Paris, on a l'impression que les gens y vivent de biais, collés contre les murs comme des fresques égyptiennes. Il y a un jardinet devant, minable. Je pousse la grille.

« Franck ! »

Rien ne bouge.

« Franck!!! »

Sa voix seule me parvient :

« C'est toi ? Monte. »

Je grimpe les escaliers, me cabosse la tête contre les boîtes aux lettres et pousse la porte branlante.

« Amène-toi, je suis dans la salle de bain. »

Cela me fait toujours rire : la salle de bain de Franck est en fait une moitié de placard dans lequel on peut trouver une sorte de récipient grand comme deux cocottes-minute qu'il honore en général du nom de baignoire.

« Qu'est-ce que tu fabriques ? »

Je m'arrête, stupéfait : tout est bleu.

Pas d'un bleu léger azuréen, d'un vrai bleu, d'un gros bleu, d'un bleu épais…

« Tu repeins ? »

Franck se tourne vers moi : ses pantalons, son maillot de corps, ses avant-bras, même une bonne partie de son visage sont couverts de cette couleur.

Il ne semble pas d'excellente humeur.

« Non, je ne repeins pas ! »

Par-dessus sa tête, je peux constater qu'il bricole dans sa baignoire. Elle est emplie d'une masse spongieuse, ruisselante, que je n'arrive pas à identifier.

Franck replonge dans sa mélasse.

« Tu ne vois pas ce que je fais ? »

Je m'éloigne prudemment tandis qu'il projette des gouttelettes partout.

« Tu as tué quelqu'un, dis-je, et tu essaies de faire disparaître le corps.

— Non, dit Franck, je teins.

— Qu'est-ce que tu teins ?

— Viens voir. »

Il me précède : il sème plein de gouttelettes sur son passage. Il a dû faire le va-et-vient plusieurs fois, car il y a de pleines traînées de bleu sur le parquet.

« Regarde ! »

Il faut dire que ça vaut le coup d'œil.

La salle à manger est transformée en buanderie, des fils s'entrecroisent et, sur les fils, du tissu bleu sèche.

« Ce sont des couvertures, dit Franck ; on m'en a filé douze paires, mais le mec qui me les rachète ne supporte pas le kaki, alors je teins. »

Je commence à comprendre. C'est une des bonnes idées de Franck.

« Bravo, dis-je. Tu gagnes bien ta vie ? »

Grommellement : il n'a pas l'air encore bien satisfait. Il ne doit pas m'avoir tout dit.

« Il y a un ennui », dit-il.

Il s'essuie le front avec son avant-bras et se macule le front d'une splendide traînée.

« Vas-y, raconte.

— Voilà, explique Franck, le gars qui m'achète mes couvertures, il va faire des vestes avec. »

J'examine le tissu de plus près. C'est du solide, il n'y a pas de doutc.

« Et alors, où est le problème ?

— Le problème, soupire Franck, c'est la teinture. Tant que t'es au sec, ça va, mais dès qu'il pleut, ça dégouline. Elle supporte pas l'eau.

— Préviens-le, ton mec, dis-je.

— Trop tard, je lui ai déjà presque tout refourgué. Je suis en train de faire la dernière livraison.

— Et s'il y a une averse ? »

Franck ferme les yeux. Je comprends que

c'est le genre de chose à laquelle il ne pense pas volontiers.

« S'il y a une averse, dit-il, j'espère avoir le temps de sauter par la fenêtre. »

Je me mets à rire.

« Laisse tomber, dis-je, on a quatre jours dans trois jours, t'as pas envie de t'étaler dans la verdure ? Ça te changerait un peu de couleur… »

Il secoue la tête.

« C'est pas possible… Tu te rends pas compte, faut que je fasse mes livraisons ! »

Son geste embrasse toute la pièce aux étendards bleus.

Je serais bien parti avec lui. C'est mon meilleur copain. Ce n'est pas drôle, mais tant pis, à moi l'aventure, je vais filer en solitaire.

« T'es con, dis-je, laisse tout ça, tu gagneras du fric plus tard, on va se poster à la sortie de Paris et on stoppe jusqu'à la Côte d'Azur… J'ai un peu de blé, ce qui me reste du chewing-gum, avec ça on tiendra bien le coup, et, une fois sur place, on improvisera… »

Je sens qu'il faiblit, qu'il est tenté, mais il redresse la tête :

« C'est pas possible, Jo. Je me suis engagé avec ce tailleur, je peux pas lui faire faux bond, je regrette.

— D'accord, je comprends. Si tu changes

d'avis, je t'attends à la maison après-demain vers cinq heures, c'est la bonne heure. On prendra le premier métro jusqu'à la gare de Lyon, on stoppera sur les quais. »

Franck secoue la tête.

« Je peux pas, Jo, bonnes vacances.

— Salut, Franck. »

On se quitte. Je lui tends la main machinalement et la retire, ses doigts dégouttent de liqueur bleue.

Je ressors, un peu triste. Je serais bien parti avec lui, mais il reste Jeannot.

Jeannot le gitan travaille derrière la porte de la Chapelle dans un atelier recouvert d'un toit de tôle ondulée. On pénètre dans une sorte d'impasse. Le sol y est toujours boueux parce qu'il y a des robinets extérieurs devant le pas des portes et que les gamins qui courent dans les sentes les laissent couler pour faire voguer des bateaux de brindilles dans les rigoles... C'est la zone. Un peu plus loin, la plaine commence. C'est le royaume du pissenlit et des gitans qui plantent leur roulotte et font des feux dans la nuit. Jeannot dit que ce sont des sorciers. C'est là qu'il habite.

Voici l'atelier; c'est une baraque de brique noire, la porte est toujours ouverte et cela fait un tintamarre des cent mille diables.

J'y suis déjà venu. Il faut contourner des tas

de ferrailles, tout un matériel invraisemblable soudé par la rouille et qui ne forme plus qu'une seule masse rougeâtre qui s'effrite par écailles.

Au fond, contre le mur, c'est la place de Jeannot. Je l'ai souvent vu ici. C'est rare, un gitan qui travaille. Mais Jeannot n'est pas comme les autres, il m'a expliqué ça un jour. Ce qu'il veut, c'est s'installer, ne plus être un nomade... Au fond, c'est le contraire de moi qui aime voyager. Il plonge des pièces de fer dans des cuves successives, il porte des gants pour éviter les projections, mais ce qu'il n'évite pas, ce sont les vapeurs qui se dégagent et qui huit heures par jour lui emplissent les poumons. Il suffit de respirer pendant quelques minutes ce qu'il inhale pour comprendre pourquoi Jeannot a le souffle court après trois rounds de ring. Pour devenir un grand boxeur, enfin un boxeur moyen, il faudrait qu'il quitte au plus vite cet atelier.

« Jeannot ! »

Il se retourne, me sourit et je le regarde faire un moment. A quelques mètres derrière nous, un grand type torse nu tape sur une sorte de sommier avec une masse de fer, le vacarme est infernal.

« Peux pas sortir un peu ? »

Bien que j'aie hurlé contre son oreille, je me

demande s'il a bien entendu. Il me fait un signe, sort son morceau de fer avec d'énormes pinces et m'engage à le suivre.

Il ruisselle de sueur, son visage est gris. C'est à lui que des vacances ne feraient pas de mal. C'est drôle, des yeux noirs comme les siens. Je suis sûr qu'il serait beau s'il avait l'air plus sain.

« Je venais à tout hasard pour te demander si tu n'as pas quelques jours de libres.

— Pourquoi ?

— Je pars vers le Midi, j'ai envie de soleil. Tu ne peux pas lâcher ici ? Tu as bien droit à des congés ? »

Jeannot soupire et remonte son lourd tablier. Le vacarme continue, réverbéré par la ferraille du toit. Des enfants accroupis jouent dans la poussière humide.

« J'ai bien des congés, dit Jeannot, mais j'ai quatre frangins.

— Et alors ?

— Alors, si je veux qu'ils bouffent, j'ai plutôt intérêt à travailler pendant ce temps-là.

— Ils sont plus jeunes que toi ?

— Dix ans, onze ans, douze ans et treize ans.

— C'est régulier, dis-je.

— Je serais bien venu avec toi, dit Jeannot, je regrette. Vas-y avec Franck.

— Il ne peut pas », dis-je.

On se regarde. J'aime beaucoup Jeannot. J'aurais vraiment aimé qu'il vienne. Au lieu de cela, il va retourner dans son enfer, dans ses bains d'acide… Il tousse.

« Ça va, la boxe?

— J'ai plus beaucoup de temps, dit-il, je suis un peu crevé en ce moment. »

Ce n'est pas juste. Pas du tout. Je voudrais le sortir de là… Je ne fais jamais attention avec Jeannot. Je chahute avec lui, on fait les idiots. Peut-être que je le vexe parfois sans même m'en rendre compte, et je ne songe pas assez que Jeannot, avec son rire, sa peau malingre et ses yeux de charbon, il vit ici dans cet enfer, parmi les casseroles sous la pluie, ses frangins braillards et innombrables et cette ferraille, ces vapeurs, cet acide, cette boue…

« J'aimerais bien, Jo, tu sais, mais…

— Je sais, Jeannot. »

Qu'est-ce que je peux lui dire? Que j'ai une grosse boule dans la gorge qui ne passe pas? C'est une histoire de quatre jours, tout de même, c'est pas pour la vie.

« Salut, Jeannot.

— Salut, Jo. »

On se quitte. Mes semelles s'enfoncent dans la boue. Tant pis, je partirai seul. Mon but, c'est Marseille. Je trouverai bien sur place à me débrouiller... Je ferai visiter Marseille aux marins américains. C'est une ville où il y a à faire. Certainement. Je prends une petite valise en carton bouilli et dépose dedans une chemise symbolique ; ça doit me suffire, après tout, je vais dans un pays chaud. Je mets le réveil à quatre heures, embrasse ma mère, écoute avec un peu de compassion les gémissements de Henri qui ne peut pas m'accompagner, sa présence au salon étant nécessaire, et qui râle en plus de me voir vadrouiller au lieu de réviser. Je m'endors avec peine. J'ai l'impression qu'une femme immense et solennelle m'ouvre des bras de marbre. Elle se dresse sur un socle gigantesque sur lequel sont gravées des lettres majuscules : *LIBERTÉ.* Derrière elle, le soleil brille si violemment qu'il doit être celui de la Provence. Je dors.

Quatre heures. La sonnerie me troue le tympan. J'appuie sur le bouton tandis que Henri se retourne dans son lit avec un grognement bestial. Il est aussi furieux endormi qu'éveillé.

Je m'habille sans éclairer. Ma valise est là, toute prête. Un peu d'eau sur le visage et... je m'arrête, un bruit que je connais frappe les volets : pas de chance, il pleut. Ça ne va pas être gai sur la route à attendre les camions. Tous mes espoirs reposent sur les routiers. C'est assez nouveau, ce système de voyage, ça vient d'Amérique. On se met au bord de la route, on lève le pouce et, si on tombe sur un chauffeur sympathique, il vous prend. Tout est économie.

La pluie redouble. C'est tout de même idiot de partir pour la Méditerranée avec un parapluie… Tant pis, en avant pour la douche.

Les marches grincent, je traverse le salon désert.

Me voici dehors : le métro est pas loin, je saute entre les flaques.

« Joseph ! »

Je pile net et une joie me monte au ventre comme une chaleur.

« Franck ! Alors, tu viens ? »

Il secoue son sac à dos ruisselant d'eau. On dirait que nous partons pour escalader la cordillère des Andes.

« Forcément que je viens ! Seul, tu ne t'en sortiras jamais. »

Les gouttes nous dégoulinent dans le cou. Je suis ravi de le voir. Nous nous engouffrons dans le souterrain.

« D'ailleurs, dit-il, il faut absolument que je prenne le large, tu n'as pas vu le temps qu'il fait ? »

Je me secoue comme un chien mouillé.

« Il pleut, et alors ? »

Franck ricane sinistrement.

« Et alors, les mecs qui vont sortir ce matin avec les costards taillés dans mes couvrantes, ils vont avoir une surprise. »

Je ne me rappelais plus l'histoire de la teinture.

Je commence à rire.

« Tu crois vraiment que ça va déteindre ? »

Hilarité violente de mon compagnon. Hilarité nerveuse.

« Si ça va déteindre ? Je peux te certifier que dès les trois premières gouttes ils se retrouvent tous en kaki et du bleu partout sur le corps. Ils sont sortis en civil et ils vont se retrouver en troufion au premier tournant de la rue. Pire ! Un troufion bariolé sur le sentier de la guerre. Te marre pas, j'aimerais pas qu'ils me retrouvent. Sauf si on se passe le calumet de la paix. »

Je lui remonte le moral d'un uppercut au foie.

« Eh bien, t'as plus à t'en faire, dis-je, on est partis...

— Je pense pas au retour. Je préfère pas, mais attends une seconde : t'as pas l'impression qu'on nous suit ? »

Je me retourne.

Là-bas, luisante de pluie, il y a une silhouette ruisselante, minable ; les cheveux brillent humides sous le lampadaire.

Je pose ma valise en plein dans une flaque.

« C'est pas vrai », dis-je.

Franck se rengorge, tout rigolard.

« Je l'ai décidé. »

Je cours vers la silhouette qui s'ébroue, projetant des gouttes. Le visage jaillit dans la lumière :

« C'est la période creuse, dit-il, le patron a été d'accord. Il me paie pas mais il me reprendra. »

J'en reviens pas.

« Sacré Jeannot! »

Franck nous a rejoints. Si on n'était pas des hommes, on se ferait la bise.

On va partir tous les trois, comme toujours, les inséparables.

« T'as pas de bagage? »

Jeannot secoue la tête.

« Non, et puis... il y a une chose que je voudrais vous dire tout de suite : j'ai pas un sou.

— Ça fait rien, dit Franck, on... »

Je le coupe net :

« On va se démerder, t'as pas à t'en faire. »

Des gouttes me coulent dans le cou, descendent dans les yeux, débordent des sourcils.

« J'ai pas le sou, dit Jeannot, mais j'ai une idée.

— Déjà! »

Jeannot rigole, c'est le meilleur caractère de l'univers.

« J'ai un oncle au-dessus de Marseille, un gitan, bien sûr ; il pourra nous coucher, ça évitera l'hôtel. »

Franck lui expédie une grande claque qui fait jaillir une cataracte de sa veste imbibée.

« T'es un chef, Jeannot !

— D'accord, dis-je, on s'arrêtera chez ton tonton, en avant ! »

Boulevard Diderot, le ciel est rouge. La tour de la gare de Lyon se détache, noire. Les gouttes s'espacent.

« Si on pouvait se payer le train, dit Franck, ça irait quand même plus vite.

— C'est ça, des wagons-lits. »

Il commence à râler. Nous voici sur les quais. La Seine devient jaune peu à peu, sous les arbres le moindre vent soulève des averses.

Là-bas, c'est Bercy, les entrepôts…

Je lève le pouce pour stopper le premier camion, un gazogène qui passe avec un bruit d'enfer.

« Ça démarre mal, constate Jeannot.

— Tu crois tout de même pas qu'on va réussir du premier coup. »

Il est quand même gonflé, ce type, il voudrait que… Attention, un Berliet ; je relève le pouce : le Berliet passe, impavide.

Une traction au loin, un type seul au volant qui ne nous accorde pas un regard.

« Laisse-moi faire, dit Franck, tu vas voir. »

Je lui cède la place et m'assois sur son sac. Attention, quelque chose arrive. Pas de chance, un camion militaire. C'est évidemment pas lui qui va s'arrêter ! Franck lève le pouce, le camion stoppe net.

« Tu vois, dit Franck, tout est dans le poignet.

— Grimpe », dis-je.

J'ouvre la portière. Tout à ma joie, je ne regarde pas la tête du conducteur.

« *Buon giorno, dovè vaï ?* »

Un Italien conduisant un camion américain, ça fait drôle.

« Marseille, dis-je, tout en bas, au sud. »

Large rire de ténor.

« Marseille, *si, si, molto bene*... »

Je le comprends mal, mais dans une langue volubile il nous invite à monter. Franck et Jeannot à l'arrière, je prends la place à côté du chauffeur. C'est le vrai coup de pot. Paris-Marseille d'une seule traite...

Il embraie, nous démarrons. Instantanément, sa voix résonne dans la cabine, une voix qui me semble contenir tout le soleil de l'Italie :

Che lucevan le stelle
Stride al torto...

Il se tourne vers moi et baragouine en franco-italien :

« Tu aimes l'opéra ?

— Je ne connais pas bien, mais je... »

Les mots se figent sur mes lèvres : je le vois bien à présent. C'est un Noir splendide, un magnifique Noir de Sénégalais.

J'avale ma salive.

« Heu !... *You Italiano ?* »

Il rit, passe la quatrième et lance le camion à tombeau ouvert dans les banlieues encore mortes.

« *No... Parlo italiano, mi chiamo* Sterling Boydt, Los Angeles, U.S.A. »

Il pousse trois contre-ut d'affilée et explique qu'il est né à la limite extrême du quartier noir et du quartier italien, et qu'élevé dans une famille italienne, à la mort de sa mère, il a baigné dès l'âge de deux ans dans une ambiance de bel canto, de pizza au poivron et de Valpolicella. Rien de plus napolitain que ce splendide Noir américain.

Le camion fonce, c'est un G.M.C. très rapide et Sterling ne fait pas de cadeaux. Les routes sont vides, mais c'est une vraie chance : il n'y a pas un virage qui ne me colle contre la portière ou ne me jette contre le volant.

« Qu'est-ce que vous allez faire à Marseille ? » demande Franck.

Sterling entame le grand air de *La Traviata*, rétrograde avant la côte et du pouce indique le chargement derrière lui. Des caisses, sur lesquelles mon copain s'appuie, s'élèvent jusqu'à la bande. On peut lire *Explosives.*

« *Per le signore* », chante Sterling.

Je ne comprends pas très bien.

« De la dynamite, dis-je, pour les dames ? »

Sterling s'étrangle de joie et klaxonne à tour de bras, sans aucune raison.

« *No dynamite, nylon, per le gambe.* »

Rires. Jeannot semble d'ailleurs bougrement soulagé et s'appuie à présent plus confortablement contre les caisses.

Les arbres défilent, la vitre vibre contre ma tempe. Nous allons bientôt aborder Lyon et Sterling Boydt chante toujours : *Cuanto spunta la luna a Marechiare...*

Il a vraiment une très jolie voix, mais il n'en est pas moins vrai que j'ai la tête comme un tambour. J'ai aussi une faim de loup. Notre chauffeur a abattu les quatre cents kilomètres en sept heures. A ce train-là, nous serons à Marseille pour le dîner.

« On pourrait peut-être s'arrêter un peu, dis-je, casser une petite croûte. »

Sterling balance une dizaine de trilles joyeux et tape comme un sourd sur le volant.

« *Si, mangiare, mangiare, certo !* »

Il semble enthousiaste et, d'un seul coup, écrase la pédale de frein. Le choc me propulse contre le pare-brise, et, avant que j'aie réalisé, le deuxième classe Boydt dégaine un couteau à cran d'arrêt, la lame jaillit. Pendant une fraction de seconde, je me recroqueville et dis adieu à la vie. Franck étouffe un cri de terreur, Jeannot tombe en garde, mais déjà notre chauffeur gambade dans les prés et revient avec une salade fraîchement déterrée, des radis et trois tomates.

Il repart et je comprends alors que c'est ainsi depuis qu'il est aux armées qu'il a pris l'habitude de faire son marché. Il ne doit pas aimer les boîtages, les rations attribuées aux militaires. D'autres arrêts suivront celui-ci. Il rapportera successivement l'équivalent de deux kilos de pêches et autant d'abricots. Aux portes de Lyon, il freine une dernière fois à sa façon délicate, fait le tour du G.M.C. et sort de sous le siège un réchaud à pétrole, une batterie de cuisine démontable, des assiettes en alu, plus une caisse de bière. Toujours en chantant à pleine voix, il s'affaire dans sa cuisine de campagne. Son dessert est d'un raffinement inégalé.

Dans une casserole, Sterling fait fondre deux tablettes de chocolat militaire, trempe les pêches dans de l'eau chaude, nous les fait peler, les noie de chocolat brûlant et recouvre

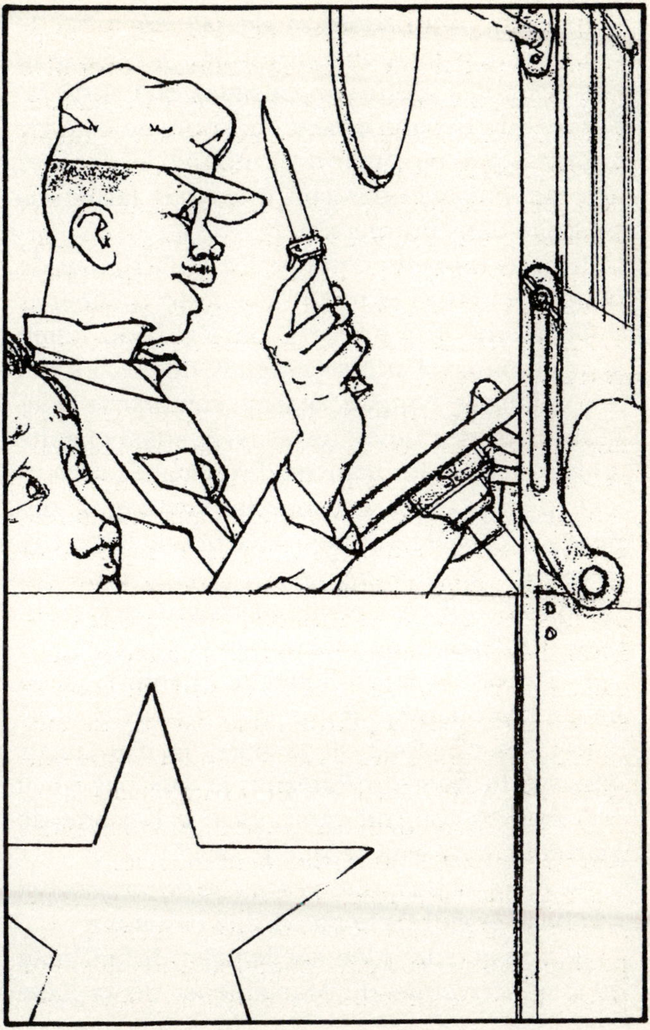

l'ensemble d'un tortillon de lait en tube. Je crois défaillir lorsque tout est fini. Il nous tend des cigarettes, s'offre un calvados qu'il a dû rafler lors du débarquement en Normandie et, ragaillardi par ces agapes, entonne le premier acte de *Rigoletto* pendant que nous faisons la vaisselle dans un ruisseau.

Il nous rappelle d'une volée pétaradante de coups de klaxon et repart à cent dix à l'heure.

Je ne vois pas passer Lyon. J'ai beau lutter, je m'assoupis. Parfois j'entends des notes qui me vrillent le tympan, mais je sombre de nouveau. Lorsque j'ouvre les yeux, le soleil chauffe contre la vitre, les écorces des platanes se soulèvent en plaques et, sous les ombrages, des pépés à casquette jouent aux boules près des fontaines : c'est la Provence.

Franck, qui est réveillé et croque des radis, tape sur l'épaule de Jeannot.

« Tu sauras lui indiquer le chemin? Là où habite ton oncle?...

— T'es pas fou? dit Jeannot. Je n'ai jamais dépassé le pont de Puteaux, je sais pas où il est, mon tonton, un camp gitan à la porte de Marseille, c'est tout ce que je sais.

— Alors, râle Franck, je sens qu'on va coucher à la belle étoile! Ça te préoccupe pas, toi? »

Je n'ai aucune idée sur le sujet. Il fait beau et mes souvenirs de Marseille et de la Côte d'Azur me disent que tout ce qui se trouve au sud de la Loire vit dans un tel état de bien-être et de chaleur que nous pourrons très bien coucher sous des portes cochères ou, mieux encore, à l'ombre des barques échouées sur les plages de la grande bleue.

« On verra, dis-je, on trouvera bien. »

Sterling Boydt pousse une longue note interminable et je l'interromps dans mon anglais approximatif appris aux côtés du caporal Edward Michael Greenbaum junior :

« Vous connaissez pas un camp de gitans tout près de Marseille ? »

Boydt fait un signe de négation. A-t-il compris ce que j'ai dit ?

Je me retourne vers Jeannot :

« Comment il s'appelle, ton tonton ? »

Jeannot, le menton sur les caisses de bas nylon, se penche :

« Béro.

— On approche », dit Franck.

Un panneau indicateur se dresse dans un désert de cailloux : *Marseille 37*.

Pour l'instant, nous roulons entre des champs absolument désertiques, c'est la Crau.

Et soudain, la voix suave de Jeannot résonne :

« Je ferais bien une p'tite partie de pok. »

Échange de coups d'œil. Sterling sifflote *O*

sole mio; ses cordes vocales sont sans doute fatiguées.

Un poker. J'ai un peu pitié de lui. Un brave mec, pas l'air très futé, ça va être du gâteau à plumer. Bien sûr, ça ne va pas être gentil de le faire, mais, si on veut réussir, il faut être dur dans la vie. Et puis plaie d'argent n'est pas mortelle. Surtout pour un G.I. assez débrouillard.

On a une combine assez au point tous les trois. Il fait pas bon d'être le quatrième avec nous, on peut facilement se retrouver en caleçon.

« Ça te dit de jouer avec nous ? »

Sterling bâille.

« *What game?*

— Poker, tu sais jouer ? »

Il fait une grimace, lâche le volant de sa main droite qui oscille de droite à gauche.

« Comme ci, comme ça.

— On peut faire quelques parties, dit Franck, histoire de passer le temps ; on joue des haricots, juste pour rire.

— C'est marrant, renchérit Jeannot ; je connais pas très bien les règles, mais j'aime bien jouer quand même. »

Là, il y va un peu fort, mais Boydt fixe la route, hausse les épaules et, à la vue d'une petite auberge, freine avec sa douceur habituelle.

Je frotte une deuxième bosse née du choc avec le pare-brise et nous descendons. Devant l'auberge, il y a une tonnelle faite de vignes. On néglige le pittoresque, la fraîcheur en plein air, pour entrer à l'intérieur. Il y fait plus sombre. Le poker s'accoutume mieux de pénombre.

Déjà, Franck sort les cartes de son sac : on dirait qu'elles ne le quittent jamais. Les yeux de Jeannot brillent. Boydt casse l'enthousiasme des deux complices : il voudrait bien manger quelque chose avant.

Les restrictions sévissent encore. Mais la patronne nous propose du jambon cru, du pain et une bouteille de vin du pays. Elle doit se dire qu'un Américain peut payer même si l'addition est un peu lourde. Jeannot et Franck piaffent d'impatience, mais à la vue du jambon leur appétit se réveille : ils ne se rappellent pas en avoir mangé. Le repas improvisé se passe en silence. Il est des moments où rien ne doit distraire la dégustation. Négligemment, Sterling commande une autre bouteille de vin. Je trouve que, pour des jeunes gens habitués à boire surtout de l'eau, on aide Boydt à vider trop rapidement la seconde bouteille. Pourtant, quand la table est débarrassée, on se sent bien. Euphoriques, même.

« Alors, on commence ? » demande Jeannot.

Boydt grommelle un acquiescement.

Franck attaque d'entrée en battant les cartes :

« Moi, je propose un franc le point, histoire de dire qu'on intéresse la partie. O.K. ? »

Boydt sourit vaguement. Il a l'air de s'en foutre totalement.

Franck donne. Sterling ramasse, tient ses cinq cartes comme s'il en avait cinquante-deux dans chaque main, en fait tomber une, le valet de trèfle, en écarte une en jubilant. Gros à parier qu'il s'est payé un brelan d'entrée. Je casse ma quinte en me défaussant de deux cartes centrales et me retrouve avec un autre brelan.

Jeannot abandonne, Franck suit rageusement et laisse tomber. Il faut que je perde au moins trois fois pour échauffer un peu le pigeon.

Je mise encore juste pour abattre ; il y a douze francs par terre.

« Pour voir. »

Le Noir me contemple sans comprendre.

« Tu baisses tes cartes, explique Jeannot, tu les montres pour voir qui a gagné. »

Grande exclamation de Sterling.

« *Ah si ! Va bene...* »

Il étale en grand seigneur une double paire aux sept par les valets. Vraiment de quoi pavoiser !

Je range mes cartes et les balance sur le talon.

« Tu as gagné. Ça commence bien. »

A moi la donne. Je n'ai rien de spécial, j'écarte trois et laisse filer dès le départ. Boydt paraît soucieux. Tandis qu'il réfléchit, Jeannot me montre ses cartes d'un coup de poignet éclair, un flush royal ! Il grimace comme un singe et abandonne au troisième tour, la mort dans l'âme. Franck fait semblant de se battre et Boydt ramasse le pot, hésite et demande dans un patois invraisemblable si trois cartes identiques font bien un brelan.

On le rassure là-dessus et d'un accord commun on lui laisse gagner les deux autres parties.

A la fin de la quatrième, il y a plus de cinquante francs sur le tapis.

Là, il faut user de psychologie : frapper un grand coup de telle sorte que l'adversaire croie à un coup terrible du sort, si terrible qu'il ne se reproduira pas.

C'est à Jeannot et à ses doigts d'or de jouer.

Le gitan distribue. Je soulève ma donne : trois as d'emblée. Ce type a une carrière à faire dans les music-halls. Une dame de pique et un dix de carreau. Je repousse le dix et Jeannot, comme s'il avait senti le vent, me laisse tomber la dame de trèfle : le full splendide. Franck a suivi les mains de son copain, il sait que c'est moi qui ai été servi et ne tente pas le bluff. Boydt se gratte la tête et monte.

Ça c'est très bon. Je mime l'hésitation, murmure « Merde » trois fois de suite et surmonte.

Boydt roule des yeux blancs, toussote, sifflote quatre mesures de *Lucie de Lammermoor*, trois de *Paillasse* et surmonte.

Notre fortune est sur la table, à l'intérieur de la petite auberge.

J'abats mes cartes. Jeannot et Franck sourient. J'ai tout regagné d'un coup.

« *Sensi*, dit Sterling, *ma quatro kings e molto bene ?* »

Nos sourires meurent. Aux innocents les mains pleines, ce démon a un carré de rois ! Il ramasse l'argent, essuie une goutte de sueur et sourit.

« Encore ? »

Il faut absolument que nous rentrions dans notre argent.

« Quitte ou double, dit Jeannot, pour terminer. »

Sa voix tremble.

Boydt a un sourire d'enfant, il accepte. C'est pas possible qu'il ait une veine aussi insolente.

Cent trente-cinq francs en jeu !

C'est à lui de distribuer. On sent que les cartes ont du mal à quitter ses grosses pattes maladroites. Il finit tout de même par arriver à nous servir.

Je ramasse et ai un éblouissement : les

quatre rois qu'il avait tout à l'heure, c'est moi qui les ai à présent.

Un miracle.

Le jeu n'a pas été battu, j'ai hérité de la bonne main.

Je prends un air soucieux, trouve le temps de rassurer d'un clin d'œil mes deux lascars qui me clignent aussi des yeux. Eux aussi sont bien servis. On va rentrer dans nos fonds sans problème.

Sterling mise allégrement. Il n'a pas abandonné une seule fois depuis le début. Il ne doit pas savoir que c'est possible.

Il mise. Je monte. Franck remonte sur moi. Jeannot sur Franck.

Nous nous regardons. Décidément, le jeu est sorti. Boydt suit en sifflotant.

Petit problème : on n'a plus un radis. Je demande des jetons à la patronne.

« Écoute, dis-je, on peut dire que chaque jeton représente un franc. Tu nous feras bien crédit quelques jours ?

– O.K., dit Boydt, conciliant. O. K... »

Il se joue de tout, cet animal. Ce que je trouve idiot, c'est que mes deux imbéciles n'arrêtent pas de monter sur moi ; comme on fait caisse commune, c'est complètement inutile, c'est totalement ridicule.

Je leur jette des regards furibards et pose un

tas de jetons sur la table. Je n'ai pas calculé, mais ça doit bien faire dans les mille francs.

Franck suit.

Jeannot suit.

Boydt suit.

Misère de misère ! Il est temps de s'arrêter.

Jeannot frémit et ouvre ses cartes en éventail et d'un geste de théâtre les jette sur le sol.

« Carré de valets, dit-il, rare dans la vie d'un joueur. »

Franck regarde, suffoqué, et dépose les cinq rectangles de carton sur ceux de son copain.

« Tu as perdu, dit-il, carré de dames. »

Ils se regardent, stupéfaits tandis que c'est à mon tour de déposer religieusement mes brèmes.

« Insuffisant, dis-je, carré de rois. »

Stupéfaction générale. Le sourire jusqu'aux oreilles, Sterling abat son jeu.

« *I'm sorry, bambini*... »

Je regarde les quatre as recouvrir nos cartes.

« C'est pas possible, murmure Jeannot, la Vierge noire ne peut pas permettre une chose pareille. »

Sterling ramasse les pièces, compte les jetons et murmure :

« Deux mille sept cent trente-deux francs. »

J'en ai des sueurs froides.

On va mettre au moins dix ans à rembourser

la dette. C'est terrifiant, c'est démoniaque, c'est…

Sterling reprend les cartes, les mélange, les redistribue. Nous le regardons, hypnotisés.

« Tu veux jouer encore ?

— Non. Regardez. »

Je retourne les miennes : cette fois, c'est moi qui ai le carré de valets, Franck a tous les as, Jeannot toutes les dames et Sterling nous montre les quatre rois dans sa main.

Je siffle d'admiration.

« Il faudra que tu m'apprennes ce coup-là. »

Sterling rit, prend le paquet, l'étale sur son avant-bras, le retourne d'un coup, le lâche dans les airs, l'étire en accordéon, le fait disparaître de la main gauche, le reprend dans sa manche droite, le bat, le fourre dans son col, le retrouve dans l'entrebâillement de ses brodequins et finit par dire :

« *Bisogna allenarsi un puo.* »

Ce qui doit vouloir dire qu'il convient de s'entraîner.

D'un geste large, Boydt disperse les jetons et notre dette du même coup, mais il empoche les billets, ça nous apprendra à vouloir pigeonner un prestidigitateur. Ce mec-là a tous les dons.

« *Come on, kids !* »

Son pied heurte le mien et il nous entraîne tous les trois en riant comme une baleine.

Nous nous engouffrons dans le camion et le voyage reprend.

Je ferme les yeux, ébloui par le soleil. Je suis heureux d'arriver. Marseille, c'est la ville où, avec mon frère, on a tant espéré et tant eu peur… C'est comme un pèlerinage, pour moi, que d'y retourner…

C'est très beau ; des maisons blanches montent à travers les pins à l'assaut d'une colline coiffée de cette statue d'or qui brille toujours sur un ciel uniformément bleu et, en bas, la mer violette, crevée d'îles blanches cernées de mousse… Oui, c'est cela, Marseille. Et puis il y a les rues, les marchandes de poissons, l'accent, une douceur de vivre, toute une légende qui avait fait son chemin dans ma tête… Marseille est pour moi l'Eldorado.

Les rêves défilent… Des ruelles aux murs couverts de chaux où grimpent les pampres des vignes…, des voiles qui se gonflent du vent du large, des voiles si proches…

Nous roulons lentement, à présent. Nous doublons un homme habillé comme un clochard ou quasiment. Je me retourne pour le regarder sans curiosité, presque distraitement. C'est un gitan ! Je demande à Boydt de s'arrêter et me tourne vers Jeannot.

« Il y a un gitan dans la rue… Demande-lui s'il ne connaît pas ton oncle Béro. »

Jeannot descend. Je le regarde qui parlemente. Très vite, il revient accompagné du promeneur.

« Il le connaît bien. Il habite dans le même campement. Si on l'embarque avec nous, il nous conduira. »

Je répète cela à Sterling. Il accepte de nous déposer. Ce type est vraiment formidable. Et dire qu'on a voulu le truander ! Enfin, à part la déculottée au poker, la chance est avec nous.

On roule sous la direction de notre guide. Des méandres, des coups de frein pour éviter des chiens et soudain : ça y est ! Boydt stoppe.

Aveuglé par le soleil couchant, je descends du camion, les jambes un peu ankylosées, et m'arrête, ahuri ; les robinets d'eau au pas des portes, la boue, les roulottes, les cabanes de tôles et de cartons – je suis à la porte de Clignancourt !

15

« Donne-moi du feu, petit. »

Je craque une allumette soufrée sur le trottoir et l'extrémité carbonisée du cigare rougeoie.

Elle s'appelle « Poupée ». Une drôle de Poupée – maman Poupée. Elle a la couleur de ses éternels cigares, sa peau boucanée brille dans la lueur des flammes. C'est la femme du chef, cela se voit à ses anneaux d'oreilles.

Vingt-quatre heures que nous sommes chez les gitans. Béro a embrassé Jeannot, qu'il ne connaissait pas. Il a vite sympathisé avec Boydt. Tous deux se sont mis à parler d'affaires. Le vieux roi de cette tribu de romanichels, campée sur les hauteurs de Marseille, s'entend merveilleusement avec ce G.I. couleur d'ébène chantant en italien et venant de Los Angeles. Je comprends, en écoutant les paroles qu'ils échangent dans un invraisemblable sabir, qu'ils envisagent des affaires auprès desquelles mes histoires de chewing-gum sont des jeux d'enfants.

Sterling Boydt, qui devait simplement nous déposer au campement, semble s'y trouver bien.

Franck m'assure que si on a besoin un jour d'un cuirassé de la marine de guerre il suffit de s'adresser à ces deux-là et on peut être sûr qu'ils nous le procureront avant la fin de la semaine. J'ai l'impression que, dans l'exagération, Franck doit surpasser tous les tartarins du Midi.

En tout cas, Béro nous accueille comme jamais je ne l'ai été. La première nuit, nous la passons dans une roulotte empuantie par le cigare de Poupée, sur un matelas près de la porte. Comme la couverture est rugueuse et gratte, Franck s'enhardit et demande à une des filles en robe longue qui lavent leur linge dehors dans des seaux de fer étamé :

« On pourrait avoir un drap ? On le lavera en partant, on vous le rendra propre. »

La fille se dresse, ses mains pleines de mousse esquissent trente signes de croix à la file, et elle détale vers la roulotte.

Franck se tourne vers moi, stupéfait.

« Qu'est-ce que j'ai dit ? »

Je ne comprends pas très bien non plus, mais on va savoir : derrière la jeune fille qui s'essuie les mains sur sa jupe crasseuse, Poupée se profile, cigare dressé, anneaux cliquetants. Elle se campe les poings sur les hanches, droit devant nous.

Sur leurs cageots renversés, les vieux continuent à jouer aux dominos.

« Venez voir, petits ! »

Nous suivons Poupée, qui nous amène dans la roulotte dont la moitié d'un des côtés est occupée par une armoire de style qu'elle ouvre à deux battants.

« Regardez ! »

C'est bourré de draps. Il y en a sur toute la hauteur, empilés les uns sur les autres.

« Voilà, dit Poupée. Vous savez à quoi cela sert ?

— Oui, dis-je, à dormir. »

Le poing de Poupée s'abat sur une table.

« Peut-être chez vous. Là, ça sert à enterrer les morts. Et personne ne doit avoir couché dedans avant de servir. »

Elle caresse des doigts le tas de toile.

« Cent vingt-sept, dit-elle, c'est le nombre des gens qui composent notre tribu. A chaque naissance nous en ajoutons un nouveau. Celui-là, avec des broderies, c'est le mien. »

Je toussote.

« Excusez-nous, madame Poupée, on ne savait pas. »

Ses longs doigts courent sur ma joue. Elle cligne des yeux lorsque monte la fumée âcre.

« Ce n'est rien, petit, les gadjé savent peu de chose sur nous… »

Elle rêvasse un peu et nous allons nous asseoir sur les marches de la roulotte.

Béro est assis sur la hauteur, près des chevaux, et répare un trou dans un chaudron. Il parle avec Jeannot, son neveu. Il en a, paraît-il, une bonne centaine, mais celui-là est venu de loin pour le voir. Béro est superbe. C'est un vieux sage comme on en voit dans les livres, de ces hommes à la fois majestueux et modestes qui semblent tout savoir, qui sont la mémoire du monde, et qui font du bien rien que par leur présence.

« Tu sais quel âge il a ? »

Béro n'est certainement pas jeune, c'est

évident. Son visage est crevassé, recuit par le soleil, mais il est droit comme un *I*. Peut-être soixante-dix ans.

« Je ne sais pas, dis-je, il a... soixante-cinq ans ? »

Poupée rit si fort que des cheveux charbonneux sortent de son foulard de soie écarlate et crasseux.

« Béro, dit-elle, a connu les tantes de Jésus, Marie-Salomé et Marie-Jacobé. Béro est vieux comme personne ne peut le croire. Sarah la noire le protège et, quand Sarah aime quelqu'un, elle lui donne l'immortalité. »

Franck se tortille :

« Béro est immortel ? »

Poupée lâche une bouffée et opine du chef.

« C'est lui qui a conseillé au roi René de fouiller sous la vieille église ; les hommes ont creusé et ont trouvé les deux cadavres. »

Poupée se signe et reprend :

« Les deux saintes. Depuis, chaque année, Béro conduit le pèlerinage. Les autres suivent, il faudra venir vous aussi aux Saintes-Maries-de-la-Mer. Béro ! »

Béro se retourne, fait un geste et vient vers nous, son chaudron à la main. Cet homme m'en impose. Il me semble fait d'une autre matière que nous. Rien ne peut l'atteindre. Il est tout gentillesse et, en même temps, une autorité émane de sa personne. C'est comme s'il incarnait un prestige. L'immortel nous sourit. C'est le roi débonnaire. C'est le conteur d'histoires. C'est l'homme qui affirme que Sarah la noire lui apparaît, l'éclaire de ses conseils, et toute la tribu le croit.

« Alors, les jeunes, vous vous habituez au camp ?... »

Nous parlons un peu... Je suis intimidé ; j'ai du respect pour celui qui défie les siècles. Je le regarde.

« Pourquoi n'achetez-vous pas un autre chaudron ? Celui-ci est fichu. Il ne tiendra plus très longtemps », dit Franck.

Béro rit.

« Je n'ai pas d'argent... »

Franck s'étonne :

« Vous pourriez en avoir, toutes ces chaises que vous rempaillez, toutes ces réparations d'assiettes et de bols cassés... On dit que vous ne vous faites jamais payer... »

Béro se baisse et ramasse sur le sol un morceau de verre cassé, sans doute un fragment de vitre.

« Regarde à travers, petit, et dis-moi ce que tu vois. »

Franck se penche.

« La colline, dit-il, les chevaux et les fleurs. »

Béro extrait des replis de sa ceinture de toile

un billet de cinquante francs crasseux et déchiré, le lisse entre ses doigts et le plaque contre le morceau de verre.

« Et maintenant, qu'est-ce que tu vois ? »

Le billet fait office de tain et Franck peut se contempler : le verre s'est transformé en miroir.

« Je me vois moi. »

Jeannot éclate de rire.

D'un geste de seigneur, Béro jette le verre.

« Voilà, dit-il, souviens-toi de cela : l'homme qui aime l'argent ne voit plus que lui-même. Pour lui, il n'y a plus ni collines, ni fleurs, ni chevaux. »

Saranne le guitariste a entendu la conversation. Il s'approche.

« Je me plaignais un jour à Béro d'un de mes cousins guitariste avec lequel je partageais tout... Un jour, mon cousin est devenu célèbre. Il a connu la fortune. Et, à partir de ce jour-là, lui qui était comme un frère ne m'a plus regardé. Pire : il m'évitait. Pourtant, je ne voulais rien de lui, sinon préserver notre affection. Déchiré, j'en parlai à sa femme. La pauvre vivait dans la même tristesse. Son mari, mon cousin, était devenu un autre homme. Elle ne le voyait presque plus... "Qu'en penses-tu ?" je demandai à Béro. Nous nous trouvions dans sa roulotte. "Saranne, que vois-tu au travers de cette vitre ? — Je vois des enfants qui jouent, un vieillard assis en train de rempailler une chaise. Je vois ma femme et la femme d'un ami qui bavardent. Je vois la vie. Mais pourquoi me demandes-tu ça, Béro ? — Retourne-toi, Saranne, et regarde maintenant ce miroir. Que vois-tu ? — Eh bien, je vois mon visage. — Tu ne vois rien d'autre ? — Rien d'autre. – Saranne, la vie, c'est comme ce miroir. Prends la vitre devant laquelle tu étais tout à l'heure, colle-lui de 'l'argent' au dos, et tu ne verras plus rien… Ni la vie de la tribu, et encore moins tes amis, les êtres qui te sont chers…" Vois-tu, Franck, conclut Saranne, Béro répète parfois ses histoires en faisant semblant, chaque fois, de les inventer… Mais ce que je peux dire c'est qu'il faut toujours l'écouter… Moi, grâce à lui, je suis un homme qui connaît le bonheur… »

Nous restons tous quatre à méditer. Béro paraît indifférent, pourtant j'ai l'impression qu'il nous observe comme s'il suivait le cheminement d'un symbole dans nos têtes. Il pose ses mains longues, des mains d'aristocrate, sur les épaules de Jeannot.

« Parlons un peu », dit-il.

Tous deux s'éloignent.

Béro pourra-t-il aider Jeannot, le conseiller, l'éclairer, lui permettre de quitter l'atelier où il détruit ses poumons ? Lui redonnera-t-il le goût du voyage, des roulottes, le goût d'une existence en marge ? Jeannot est fasciné par Béro. Pour le petit gitan des confins de Clignancourt, Béro est un oracle, mais aussi le père ou le grand-père qu'il n'a pas eu, la tendresse, l'exemple.

Des enfants nous entourent et nous avons découvert, derrière la décharge, un vieux baby-foot que Saranne, le guitariste, a rafistolé avec du fil de fer. Nous faisons d'interminables parties. Mais rien à voir ici avec nos anciennes salles enfumées. Nous jouons dans le grand vent, au grand soleil, tout près des chevaux à l'enclos tandis que les poules picorent entre nos jambes, que les chiens jaunes courent en tous sens. Je ne suis même pas encore descendu à Marseille que l'on devine miroitante entre les cyprès...

Jamais les gitans n'y descendent. La nuit, quelquefois, certaines gitanes vont jusqu'au port faire les lignes de la main aux marins en partance et reviennent à l'aube les poches pleines de pièces.

Mais dans ce campement, ce que je préfère, c'est le soir, lorsque la nuit tombe. Malgré la chaleur méditerranéenne de ce printemps somptueux, Béro fait du feu entouré par des enfants qui jacassent et jettent des brindilles.

Très vite, le bois sec s'enflamme ; il ne manque pas de forêts dans la campagne toute proche. Lorsque les flammes montent, Saranne descend les marches branlantes de sa roulotte et s'assoit sur une chaise de paille face au feu. Il ferme les yeux. Il est très beau et commence à jouer de la guitare. Je pourrais l'écouter pendant des heures. Pendant tout le temps qu'il joue, les enfants se taisent. Dans le fond du campement, seul un nourrisson gémit. C'est la petite Myriam. On dit qu'elle est très malade. Le médecin est venu plusieurs fois de la ville. Mais, malgré cela, peut-être Poupée sera-t-elle obligée de sortir bientôt un drap de sa terrible armoire. Un drap bien trop grand... De vieilles femmes se relaient à son chevet. Parfois, l'une d'elles s'approche du bûcher, s'accroupit dans ses haillons au pied du guitariste et chante d'une voix cassée des paroles noyées de larmes.

Jamais je n'oublierai ces heures... Franck est aussi silencieux que moi. Personne ici n'a de montre : le temps ne compte pas... Lorsque nous rentrerons dans la roulotte pour nous coucher, le jour se lèvera peut-être, mais qu'importe ! Les gitans dorment quand il leur plaît, tant qu'il leur plaît... Jeannot n'est plus le même. Je ne peux pas croire que dans trois jours il retrouvera son usine, sa ferraille, toutes les responsabilités qui l'écrasent... Il semble être ici depuis toujours, goûtant les yeux fermés les rythmes des guitares. Comment peut-il s'enfermer, lui qui est un être de soleil et de vent ?... Je frappe sur l'épaule de Franck.

« Regarde Jeannot. »

Il regarde le fin profil où dansent les ombres et les lueurs de la flamme et se tourne à son tour vers moi.

« Tu vois, Jo, les nomades, ils ont de la chance parce que le dehors... c'est chez eux. »

Je n'oublierai jamais la colline au-dessus de la ville rousse, les chevaux en contre-soleil, les prairies aux roulottes bariolées, les linges qui sèchent, les longues robes éclatantes, les foulards et ces longues pipes que fument les femmes âgées en caressant des ânes immobiles. Le temps a encore embelli les choses pour moi...

Ces soirs qui s'éternisent ont la douceur transparente des choses éternelles. Un vent vient du fond des âges caressant nos peaux moites, c'est la brise des tsiganes, c'est un vent de misère et de liberté, un vent qui emporte les notes voilées des guitares.

Ce soir, Saranne joue, plus joyeusement que d'ordinaire. On sent que ses doigts sur ses cordes ne demandent qu'à voler...

Franck bat la mesure dans la poussière, frappe de la paume de sa main sur le bois de la caisse. Il n'est pas dans le rythme. Saranne hèle Béro.

« Donne-moi du tabac, je n'ai plus de cigarettes. »

Béro fouille dans ses poches ; un paquet de Camel tombe sur les genoux du guitariste.

Nous nous retournons tous vers le fond de la nuit. Une voix puissante s'élève :

« *La donna e mobile...* »

Sterling Boydt est là, campé sur ses jambes comme un ténor d'opéra. Il était parti après deux nuits passées chez les gitans ; ses affaires l'appelaient. Il nous avait promis de venir nous chercher. Il a tenu parole.

« Jo ! Franck ! Jeannot ! »

Tout le camp se précipite. Tout le camp le connaît. Les fillettes aux cheveux jusqu'aux reins savent que les poches du G.I. sont pleines de chocolat et de friandises. Il se laisse tomber sur le sol aux pieds de Saranne, nous regarde de ses bons yeux et nous demande d'aller voir dans le camion.

Nous descendons sous la lune. L'air sent la fumée et la mer.

Le métal est frais sous nos doigts.

« Éclaire, on n'y voit rien. »

La portière est ouverte. Franck grimpe dans la cabine. Il tripote les boutons du tableau de bord et allume les phares.

Nous faisons le tour et montons à l'arrière.

« Bon Dieu, qu'est-ce que c'est que ça ? »

On y voit assez mal. Je craque une allumette. A la lueur dansante, on voit des boîtes et des boîtes superposées. Je m'approche davantage. Je lis : *Shoes*. Je n'en crois pas mes yeux. Par ce temps où on devrait marcher sur les mains afin d'économiser les semelles de bois, de crêpe, de caoutchouc ou si rarement de cuir, le camion est bourré de chaussures. Il y en a du plancher jusqu'au sommet de la bâche, avec un espace vide, d'un mètre peut-être, dans la largeur du véhicule. De quoi chausser tout Clignancourt !

Sterling nous a suivis et s'esclaffe. En deux phrases, il nous balance la nouvelle : il remonte dans quelques heures sur Paris et peut nous ramener avec tout son chargement. Je regarde Franck.

« Qu'est-ce que tu en penses ?

— Fallait qu'on rentre, de toute façon », dit-il.

Jeannot baisse la tête.

« O.K., Sterling, on part avec vous. »

Il nous assène deux vigoureuses tapes sur les omoplates.

Ma dernière nuit gitane commence... Adieu, Béro ; adieu, Poupée, j'ai de la peine déjà de vous quitter ; adieu, Saranne ; adieu, les gosses

aux cheveux de jais épais et soyeux... Nous démarrons à l'aube. Dans la nuit retentissent des accords de guitare et des chants sont repris en chœur... J'espère les revoir un jour, ces nomades des hauts de Marseille. Rien de moins sûr, pourtant, ils partiront peut-être vers d'autres cieux, sur d'autres routes...

Salut, les gitans !

16

Égal à lui-même, Boydt se croit au volant d'un bolide sur le circuit d'Indianapolis. Il appuie à défoncer le champignon. Les pneus crissent. Je suis ballotté, heurtant tantôt la portière, tantôt l'épaule rembourrée du plus insolite des G.I. Jeannot et Franck sont à l'arrière, blottis au pied des contreforts de cet Everest de boîtes de chaussures. Jeannot n'était pas trop triste en quittant ses frères les gitans de Marseille. Béro et lui ont beaucoup parlé. Peut-être ne reverrai-je plus Jeannot après ce voyage. De retour à Clignancourt, il parlera à la petite famille dont il a la charge et tous partiront vers le soleil, vers un peu de bien-être. Le roi de la tribu, Béro le sage, Béro le confesseur, Béro qui sait résoudre par une image, une métaphore, les problèmes qui se posent aux autres, l'a invité à venir vivre dans le campement dont il est le chef. Je suis si heureux pour lui ! Peut-être pourra-t-il devenir vraiment un boxeur, marcher sur les traces de ce Théo Médina qui est l'idole des gitans ?

Ce séjour de rêve a si vite passé ! On n'a même pas visité la Canebière, le Vieux-Port ; on ne s'est même pas baignés. A demi somnolent, je songe à ce que nous n'avons pas fait et aux joies que nous avons connues... Soudain, je me sens propulsé contre le pare-brise. Je tends les mains en avant pour épargner mon visage. Que se passe-t-il ?... Le camion tourne sur deux roues comme dans une poursuite de cinéma quand les G-men traquent les gangsters. Boydt est-il devenu fou ? Il fonce dans un chemin rempli de caillasse, de fondrières et stoppe net. Il saute de la cabine et m'encourage à en faire autant. Derrière, Jeannot et Franck se demandent quelle catastrophe nous menacent. Ils sont livides. Les boîtes de chaussures, bien amarrées, ne leur sont pas tombées sur la tête. Mais j'ai l'impression que leur estomac n'a pas supporté le régime auquel il a été soumis. Un doigt sur les lèvres, Boydt nous fait signe de le suivre : entre des pins, nous escaladons une éminence. Qu'est-ce que c'est que cette mascarade ? Sterling prend soudain des allures d'Indien sur le sentier de la guerre. Tout juste si nous ne crapahutons pas comme si nous allions tomber sur un régiment S.S.

J'entends soudain Boydt jurer doucement entre ses dents en invectivant la Madone. D'ici on voit la route, et sur la route il y a des hommes en uniforme kaki avec des casques blancs, c'est la police militaire.

Le nez au ras des cailloux, nous les examinons quelques minutes.

« Tu n'es pas en règle ? » souffle Franck.

Sans rien dire, Sterling nous tend un papier qu'il vient de sortir de la poche de sa vareuse. C'est en américain et en français. Il s'agit d'un laissez-passer constellé de signatures et de marques de tampons et qui paraît parfaitement authentique, malheureusement il y a un petit inconvénient : il n'est valable que jusqu'en Avignon.

Et Avignon, c'est cette ville jaune et rose, encore endormie, que nous venons de traverser. Nous voici en pleine illégalité. Quant aux

M.P., leur renommée n'est plus à faire, essayer de passer sans s'arrêter équivaudrait à un suicide.

On a eu de la chance encore que notre pilote ait eu le réflexe de braquer à mort avant que les autres nous aperçoivent.

Cette fois, il ne chante plus. C'est la première fois que je le vois silencieux.

Jeannot regarde autour de lui.

« S'ils restent là trois jours, on va crever », dit-il.

Il a raison : pas d'ombre, le chemin serpente entre une terre aride durcie par le soleil et où le rocher affleure, blanc de craie. Au loin, un mas isolé, presque en ruine ; le ciel au-dessus et les cigales dans les oreilles. C'est l'équivalent français du Sahara.

Je me tourne vers notre chauffeur. Au comble de l'ingratitude, je lance :

« Tu pouvais pas le dire, qu'on était en infraction... »

Il m'ordonne de baisser la voix... Ça l'arrange, évidemment, il ne tient pas à se faire engueuler ; parce qu'on a tous les culots. Le type nous fait traverser la France, nous nourrit et en plus on pourrait l'engueuler !

« Et pour manger et boire, qu'est-ce qu'on a ? »

Là, il a compris. Sa réponse est particulièrement brève et éloquente. Il écarte les bras et montre ses mains dans les deux sens : dessous d'abord, dessus ensuite.

« *Niente* », dit-il.

Évidemment, avec sa technique consistant à vivre sur le paysage, à cueillir des salades le long des routes, il n'emporte jamais de provisions. Résultat : trois morts de soif découverts dans le désert du nord d'Avignon.

« Chapeau, murmure Franck, chapeau ! »

Je regarde la montre de Sterling. Il est six heures à peine et les rayons chauffent déjà. Si on reste une journée ici, nos carcasses vont sécher très vite. C'est pire que dans les westerns.

« J'ai déjà plus de salive, gémit Franck...

— La ferme, dis-je, économise ce qui te reste. »

Jeannot s'est déjà installé, la nuque contre la tôle. Je me couche près des roues. Impossible de se glisser en dessous du G.M.C., l'absence d'air rend l'atmosphère irrespirable.

C'est la même chose qui arrive à John Wayne dans... j'ai oublié le titre... Enfin, il est comme nous, les Indiens le cernent et pas un puits à moins de deux mille kilomètres. Pareil pour nous. Seulement, lui, la cavalerie arrive avant qu'il ne crève. C'est là une importante différence. Pas de cavalerie pour nous. Les cigales sont à présent totalement éveillées et l'air est strié de leur tintamarre, des milliards de scies et de limes frottent sur les blocs de fer.

Si j'essayais de réfléchir..., de trouver une solution.

Je me vois déjà avec les yeux révulsés, la bouche ouverte, léchant les pierres sèches.

« Regarde, gémit Franck, les vautours.

— Déjà ! »

Je lève les yeux. Ces vautours ressemblent davantage à des corbeaux, mais c'est du pareil au même.

Ça y est, la première goutte de sueur de la journée. Ça ne va certainement pas être la dernière. Quant aux M.P., ils sont à l'ombre, eux, bien à l'aise, et il doit y avoir plein de Coca-Cola au frais dans les jeeps. Un grand verre glacé plein de buée.

On a dû dresser la tête tous les quatre en même temps.

C'est un grondement sourd qui vient du sud. Un orage ? Impensable, tout est bleu au ciel, hélas !

« Un tremblement de terre », souffle Jeannot.

Boydt sourit, claque dans ses doigts et du menton nous indique la direction du sud.

Je me retourne : il y a de la poussière sur la route, un nuage qui grimpe et soudain je comprends : un convoi ! un convoi militaire.

A présent, Sterling joint les mains et, les yeux au ciel, il remercie la Madone insultée tout à l'heure. Elle doit être habituée à ces sautes d'humeur.

« Qu'est-ce qu'il va faire ? demanda Franck.

— C'est pas difficile à comprendre, dis-je, tu vas voir. »

Boydt grimpe au volant et nous demande de nous mettre tous les trois à l'arrière et de bien tirer les bâches sur nous. C'est pas bien large, c'est pas l'espace vital, mais on tient.

« *Attenzione.* »

Le moteur ronfle.

« *Pronto, pronto.* »

Le grondement couvre à présent celui des cigales. On peut distinguer le convoi. Des jeeps d'abord, minuscules, puis des poids lourds, tous énormes, tous kaki, tous frappés de l'étoile U.S.

Lentement notre G.M.C. s'ébranle tandis que les boîtes ballottent. On regarde : après les camions il y a des blindés, des chars sur des tracteurs, on dirait que toute l'armée américaine remonte vers le nord. La poussière recouvre tout. Nous cahotons, le vacarme devient infernal. Par les trous d'aération de notre bâche, la poussière pénètre, emplit nos narines, Jeannot tousse. Brusquement, plus un seul cahot : ça y est, nous sommes sur la route, au milieu de la colonne. Je tente de percer le rideau de poussière qui noie toute chose et je me trouve nez à nez avec un capot monstrueux. Très haut, au-dessus, on distingue à travers la vitre du pare-brise le visage d'un chauffeur. L'intervalle entre l'arrière de notre camion et l'avant de l'autre ne doit pas dépasser trois mètres.

« Jo !

— Quoi ? »

Je me retourne. Franck ne semble pas être dans son assiette. Il avale sa salive et pose sa question :

« Qu'est-ce qui arrive si Sterling freine brusquement ? »

C'est moi qui à mon tour avale ma salive. Je montre le mufle du capot qui semble nous poursuivre inlassablement.

« J'espère que le gars qui conduit ce monstre aura de bons réflexes... »

Finir écrasé entre un camion américain et un tas de paires de chaussures au milieu d'un convoi militaire, voilà qui n'est pas une fin que j'envisage avec un enthousiasme excessif.

La chaleur, l'odeur d'huile chaude et de pots d'échappement, tout ça m'empêche de réfléchir. Et puis on se sent de plus en plus serrés.

Évidemment, pour Boydt, c'est la planque idéale : passer des boîtes de souliers en contrebande tout en étant bien planqué au cœur d'un convoi très officiel, on ne peut pas rêver mieux, mais je me demande si nous résisterons jusqu'à Paris.

« Il faut le prévenir, dit Franck, qu'on ne tiendra pas le coup.

— On peut essayer, souffle Jeannot ; faut surtout pas bouger. »

Impossible d'écarter la bâche, on nous verrait, et rester là-dessous, c'est se condamner à l'asphyxie... On a beau remonter vers le nord, la température augmente de seconde en seconde. On va mourir comme dans les sous-marins. J'ai vu deux films sur le sujet. C'est terrible. Assis dans mon fauteuil, j'étais malade pour les types qui souffraient du manque d'air sur l'écran.

« On ne peut pas sortir, c'est impossible. »

Je calcule frénétiquement : il y a un moyen. On peut atteindre Sterling de l'intérieur. Mais, pour cela, il faut déménager toutes les boîtes une par une, avancer en les mettant derrière nous au fur et à mesure et les amarrer de nouveau.

Je mets mes copains au courant. Ils regardent les montagnes empilées. De quoi décourager un bénédictin.

« On va mettre trois jours, dit Franck, on sera arrivés avant d'avoir fini.

— T'as une meilleure idée ? Si on sort, on se

fait écraser, ou fusiller, ou arrêter pour espionnage et... »

Jeannot lève les mains en l'air.

« D'accord, d'accord, on y va... »

C'est parti pour le déménagement. On a juste la liberté de manœuvre pour bouger. Il faut progresser très méthodiquement, prendre une boîte sur le haut de la pile, la placer derrière soi, en prendre une deuxième, la reposer sur la première, et ainsi de suite. On peut progresser d'une rangée, soit vingt-cinq centimètres, en une dizaine de minutes. En supposant que le camion soit long de cinq mètres, on doit atteindre l'avant de la cabine en 10 x 4 x 5 soit deux cents minutes, c'est-à-dire trois heures vingt.

Comme travail de Romain, on ne fait pas mieux !

Au début, ça va encore, mais les boîtes deviennent de plus en plus lourdes et une douleur sourde s'installe dans mes épaules et grandit, grandit, chaque fois que j'en prends une pour l'empiler derrière moi.

« Je suis vidé. C'est la raréfaction de l'air », souffle Franck.

Il se prend pour Pat O'Brien dans *Sous-Marin D1*.

Jeannot se tait, mais son gémissement est éloquent.

On avance quand même. Nous devons être à présent à la moitié.

C'est drôle de se sentir cerné de toutes parts par des falaises de souliers.

Et si ça s'éboulait ?

La sueur me coule dans les yeux et l'angoisse me tord le ventre. C'est stupide, mais je panique.

J'accélère malgré l'ankylose qui gagne.

Le pire, c'est l'abrutissement : prendre, se tourner, poser, reprendre, se retourner, reposer. Franck travaille comme un forcené, mais Jeannot semble plus efficace. Faut pas être claustrophobe dans ce boulot. Dehors, il doit faire un soleil blanc ; ici, c'est la pénombre. Et cet air moite, surchauffé, ces vêtements qui collent à la peau ! Je regarde mes compagnons ; ils ont la bouche ouverte comme les poissons quand on les sort de l'eau. Je dois présenter un visage identique : le visage d'un mec qui suffoque.

On avance tout de même. Vingt-cinq centimètres à la fois. Il doit y en avoir pour un paquet de dollars dans ce maudit camion !

« J'en peux plus », dit Franck.

Il va craquer. Il faut que je le fasse rigoler.

« Ne t'en fais pas. Il n'y a que quinze jours qu'on a commencé notre jeu de cubes... Plus de six mille souliers, soit trois mille boîtes à déplacer... »

J'entends Jeannot qui se marre nerveusement et on reprend. C'est l'essentiel. En tout cas, on ne pourra pas dire qu'on aura fait un voyage monotone.

« Jo !

— Qu'est-ce qu'il y a ?

— On y est, souffle le gitan. J'ai senti la bâche. On n'a plus qu'une rangée ! »

Je ne crois pas que le père Christophe Colomb ait éprouvé une joie pareille. Ça y est, on a fini par traverser le camion.

On repart comme des furieux, redoublant de vitesse, et brusquement je m'empare d'une boîte, la soulève et une clarté m'inonde : je vois la route, le soleil éblouissant, le camion qui nous précède et l'oreille gauche de Sterling Boydt.

« Hello ! »

Sterling se retourne et le camion fonce dans le fossé en droite ligne.

Je pousse un cri et notre Noir redresse de justesse.

« *Ma come...* »

Évidemment, il en est pantois. Il doit se demander comment on est parvenu là et la surprise a été forte.

Franck lui fait bonjour-bonjour avec la main.

Ce qui m'inquiète soudain, c'est que Sterling ne chante pas et ne sourit guère ;

quelque chose se passe que nous ne savons pas encore.

« Qu'est-ce qu'il y a ? Quelque chose ne va pas ? »

Il me regarde dans le rétroviseur et lâche du coin de la bouche :

« *Non e la strada di Parigi.* »

Jeannot se penche vers moi :

« Qu'est-ce qu'il dit ? »

Stupéfait, je regarde la route.

« On ne va pas à Paris ! »

Tristement, Boydt hoche négativement la tête.

La question me vient automatiquement aux lèvres :

« Mais où allons-nous, alors ? »

Boydt sourit avec peine, semble s'excuser et murmure d'une petite voix qui n'a plus rien à voir avec son habituel organe digne de la Scala de Milan :

« Berlin ! »

Berlin.

Nous nous regardons.

Mais qu'est-ce que nous allons bien pouvoir faire à Berlin !

Soudain une pancarte surgit quelques secondes : *Grenoble 24*.

Nous avons tourné à Lyon au lieu de remonter tout droit. Tout s'est passé pendant notre déménagement.

« Mais comment sais-tu qu'on va à Berlin ? »

Il m'explique et je comprends vaguement qu'une jeep ravitailleuse longeant le convoi lui a fourni le renseignement.

Franck s'agite.

« Mais je ne veux pas aller à Berlin, faut que rentre, moi !

— Merde, murmure Jeannot, merde, merde et merde. »

Je me penche, affolé.

« Sors du convoi, prends une route sur le côté !

Boydt sourit amèrement et du pouce me montre les jeeps qui roulent en remontant la colonne.

Impossible de s'échapper. Nous sommes au milieu d'une chaîne, nous en sommes même l'un des maillons et jamais un maillon ne peut sortir d'une chaîne. On va connaître Berlin et si on se fait piquer, sans papiers, ça va faire du vilain.

A présent, Sterling jure sans arrêt et la Madone en prend à nouveau pour son grade.

Je ne sais pas comment l'idée me vient, mais elle est là, soudain, et c'est la solution.

« Arrête-toi sur le côté... comme si tu avais une panne. »

Boydt se retourne... Je sens qu'il hésite, qu'il suppute...

Je tiens à mon idée.

« C'est le seul moyen, tente le coup. »

Je vois ses mâchoires qui se contractent plusieurs fois à la suite, et tout d'un coup sa voix éclate dans la cabine : *Vieni, vieni, vieni, vieni, o canta me...*

D'un coup de poing, il met le clignotant, déboîte et s'arrête au ras d'un petit bois.

Nous nous baissons. Les blindés passent le long des flancs de notre camion et des bruits de pneus martyrisés se font entendre. Des hommes parlent à l'extérieur, il y a des invectives, puis des rires. Boydt doit leur raconter des histoires. Je suppose qu'il a dû leur dire qu'il était assez grand pour réparer tout seul, car ils repartent. Le vacarme s'apaise. Le convoi doit s'éloigner... Il s'éloigne. Un chant d'oiseau à la cime des arbres.

La tête de Sterling s'encadre dans le rectangle, une splendide tête noire et souriante. Il tient des boîtes de bière dans ses bras, des rations de nourriture.

« *Come on, boys !* »

Il parle américain, du coup ! A présent, tout est simple, on n'a plus qu'à descendre, boire, manger et se laisser remonter doucettement par les petites routes.

« Au fait, dit Jeannot doucement, pour redescendre, comment on fait maintenant ? »

Je m'effondre lentement sur mes talons : impossible de passer par l'ouverture communiquant avec la cabine, un bébé de quatre mois aurait des difficultés. Je n'ose pas penser à ce qui va se passer.

Dehors, j'entends ce maudit G.I. s'esclaffer : il a dû comprendre ce qui nous attendait à nouveau.

Il s'efforce tout de même de nous consoler. Il nous refile de quoi boire et manger par l'ouverture et démarre par des chemins de traverse.

Mélancoliquement, Franck me regarde.

« C'est quand même drôle qu'on n'ait pas pensé qu'il faudrait faire la même chose pour revenir.

— Qu'est-ce que tu veux, dit Jeannot, parfois on a des lacunes. »

Soupirs.

« On y va ?

— On y va. »

Nous y allons pour la deuxième fois. Le travail recommence, boîte après boîte. Je ne sais pas si c'est la bière, la digestion ou la chaleur, mais j'ai l'impression d'aller trois fois moins vite qu'à l'aller.

En tout cas, je connaîtrai chaque centimètre de ce G.M.C. de malheur.

Et revoilà le jour. Nous avons regagné notre

point de départ La campagne est belle, fleurie. Je m'assieds, épuisé, juste au moment où nous passons sur un pont.

« C'est l'Yonne, on ne doit plus être loin. »

De l'avant nous parviennent les notes aiguës de l'éternel *O sole mio*.

« J'ai envie de pisser, dit Franck, j'aimerais bien qu'il s'arrête. Comment le lui dire ? »

Jeannot, encore essoufflé, montre les montagnes de boîtes que nous venons de remuer.

« Vas-y, dit-il, retourne. »

Il hausse les épaules et examine la situation.

« S'il y a du vent, dit-il, en pissant dehors, je risque d'avoir un effet d'aller-retour.

— C'est un risque, dis-je. Concentre-toi pour chasser l'envie. »

Nous roulons toujours, depuis des siècles.

« J'en peux plus, dit Franck, je vais tout lâcher. »

Coup de frein, derrière nous les piles oscillent dangereusement. Le camion s'arrête.

Franck bondit, fonce contre un arbre et se soulage.

Je le suis avec Jeannot, les jambes raides, et passe à l'avant. Il y a un lapin écrasé sous les roues. Je suppose que Sterling avait le secret espoir d'en faire une gibelotte, mais il est vraiment en trop triste état pour le récupérer. Sterling baragouine et nous fait comprendre qu'il doit être à Paris à huit heures du soir. C'est là qu'on l'attend pour écouler le contenu du camion et pour être au rendez-vous à l'heure, il n'a plus une seconde à perdre. Il me fait signe de courir, grimpe et démarre en entamant une tarentelle tonitruante.

Jeannot s'élance, passe une jambe. J'empoigne les ridelles et soudain me rends compte que Franck est toujours contre son arbre et ça n'a pas l'air d'être fini. Je hurle :

« Sterling ! Sterling ! attends ! »

Le camion s'éloigne, Jeannot saute sur le sol et s'étale, je lâche tout, je cours à toutes jambes, encore emporté par l'élan... Boydt doit être persuadé qu'on est derrière, il n'a pas vu Franck descendre... Je m'arrête, hors d'haleine : adieu, Sterling Boydt, et bonne route. Je me demande quelle tête tu feras lorsqu'à l'arrivée tu ne nous trouveras pas...

Franck urine toujours. Peut-être ne pourra-t-il plus jamais s'arrêter.

Le voilà cependant. Il vient nous rejoindre au bord de la route, s'assoit à côté de nous et arrache un brin d'herbe. Jeannot noue un mouchoir sale autour de son genou qui saigne.

« Alors, comme ça, dit Franck négligemment, il est parti. »

Un jour, je tuerai ce type.

« Je vais pisser aussi, dis-je, tu m'exaspères.

— Ah ! dit-il triomphalement, tu vois que toi aussi tu en avais envie ? »

Je hausse les épaules. Il y a une borne kilométrique à cinquante mètres : *Joigny 23*.

« Ça fait loin, remarque Jeannot. Qu'est-ce qu'on fait ?

— Qu'est-ce que tu veux qu'on fasse ! dis-je. Du stop ! »

Épilogue

Vert des feuilles battant contre les vitres.

Intense chaleur. L'été est venu d'un coup, une entrée furibonde qui a rempli les bistrots de la porte de Clignancourt en moins de trois heures.

Les vitres de l'école sont sales. J'ai d'autant plus chaud que j'ai mon costume, ma cravate et la peur au ventre. C'est elle surtout qui me fait ruisseler entre les omoplates, un vrai petit soleil au creux du ventre, un soleil vivant et moite.

Cette peur porte un nom : certificat d'études.

Eh bien, voilà, ça y est, j'y suis !

Quand je pense que je devrais être à... je ne sais pas, moi..., à Hollywood, à Chicago, dans des voitures roses et dorées, à conduire sous des palmiers... Oui, c'était l'enfance... Il s'en est passé des choses entre mes rêves et moi... Allons, il faut bien que je dise aujourd'hui que les palaces sont pour après-demain, s'ils ne sont pas pour jamais...

Après tout c'est pas mal d'avoir un diplôme, ça ferait tant plaisir à ma mère et à mes frères... Et puis, ces deux mots, certificat d'études, ont une résonance magique. Il existe entre les Français une séparation dramatique, une sorte de fossé que rien ne peut combler. Il y a ceux qui l'ont et ceux qui ne l'ont pas.

« J'ai mon certificat d'études. » C'est formidable de pouvoir dire ça ! Peut-être, plus tard, les écoliers n'y attacheront guère d'importance ; mais, en cette année 1946, c'est quelque chose qui fait vibrer les cœurs.

En tout cas, le mien vibre.

Il en a fallu des aventures pour m'amener à cet instant !

Ce n'est pas vieux pourtant, le temps où je

ne voulais pas le passer ! C'était dans l'hiver. J'étais un enfant peut-être. Je voulais le Madison Square Garden, je voulais l'Amérique ! C'était la révolte au fond, la révolte contre tout : l'école, le quartier, ma maison. Et puis la vie m'avait déjà tellement appris à vagabonder…

Je me suis bien débrouillé à l'écrit. Pourtant, la dictée était terrible, je n'ai jamais vu autant de participes passés concentrés en un aussi petit espace. Quant au calcul, le problème était super-facile et j'ai fini les doigts dans le nez.

Franck craint de se faire étaler de première. Mais il ne s'en fait pas trop, car, de toute façon, dès qu'il a le résultat, son père lui refile un beau costume blanc, une grande échelle, un pinceau plat, et en avant la barbouille. Il repeindra les maisons du quartier. L'ennui, c'est qu'on se verra moins. Il n'y aura plus que les dimanches, et encore, pas tous !

Lui aussi, il a son beau costume et il ruisselle dedans. Il est loin, le temps où on nous promenait en poussette comme des jumeaux ; nous étions bien peinards à l'époque. Les soucis, c'est pour les grands.

C'est dur d'attendre.

On est tous là, sur le banc. Il y a des gars que je ne connais pas dans ce grand couloir ensoleillé ; et on attend que la porte s'ouvre ; dès qu'un type sort, un autre rentre. En général, ils sortent avec une tête plus longue que celle avec laquelle ils sont entrés. Il paraît que c'est le jury-la-terreur, surtout celui qui interroge en histoire-géo. Pas de cadeau, le mec, il sabre. Un despote-né, à qui on donne les moyens de l'être.

C'est à moi. J'ai les paumes moites.

Ils sont à une table au fond, contre la fenêtre, presque noirs en contre-jour.

« Par ici. Assieds-toi. »

Je m'approche, regarde l'examinateur et les murs oscillent. La terre tremble, le ciel s'entrouvre, ma gorge se sèche. Ce grand cou, ce pif aigu, ces dents emmêlées, il n'y a pas de doute : c'est Fouloche.

Tomber sur une peau de vache, ce n'est pas de bol, mais tomber sur le prof dont on a passé le crâne du fils à la tondeuse, c'est tout de même rarissime ! Et c'est à moi que ce cataclysme échoit.

Pas la peine de fayoter, de louvoyer et d'essayer de sauver les meubles. Je n'ai plus qu'à prendre mes cliques et mes claques et demain matin je balaierai allégrement les cheveux des clients tout autour des fauteuils… Après tout, il y a des métiers plus désagréables.

« C'est toi, Jo ? »

Les sons ont du mal à passer. Je me pétrifie.

« Oui. »

Il me regarde d'un sale œil. Il terrorise ses élèves. On dit que certains attrapent des tremblements nerveux avec lui. Cardier, qui l'a eu l'année dernière, m'a raconté qu'il se réveillait chaque nuit en hurlant : des cauchemars abominables où Fouloche jouait le rôle essentiel.

Ses yeux suraigus me rentrent dans la tête comme des vrilles.

« Vous aimez toujours le chewing-gum ? »

Malheur.

Son fils lui a évidemment raconté. Trop cafteur pour ne pas l'avoir fait. Ce qui m'a surpris à ce moment-là, c'est que le père n'ait rien dit. Je pensais qu'il s'était tu pour qu'on ne sache pas que son fils faisait du racket. Mais je connais à présent la véritable raison de son silence : il attendait son heure, et son heure, c'était le certificat.

Il a attendu six mois pour me coincer, mais ça valait la peine, parce que maintenant il me tient.

Et il me tient bien.

Ses lèvres sinueuses sifflent.

« C'est vous, l'artiste à la tondeuse ? »

Le coup est direct. Difficile de jouer les innocents.

« Oui, c'est moi. »

Il ricane longuement. J'ai du mal à supporter son regard. Des gouttes me coulent le long des flancs.

« Vous avez bien fait. »

La terre oscille à nouveau, mais en sens inverse. Décidément, c'est la journée des surprises. Je l'entends qui murmure : « Bien fait pour ce petit con », et il ajoute :

« C'est bien vous qui avez semé la Gestapo pendant quatre ans ? »

Je toussote, modeste :

« Oui, enfin..., oui, c'est moi... J'ai eu de la chance... »

Il fait semblant de fouiller dans ses papiers.

« Eh bien, nous allons voir ce que vous savez en géographie, mon ami. Parlez-moi des Alpes du Nord. »

J'ouvre la bouche lorsqu'il m'interrompt :

« Passons à l'histoire. Parlez-moi de la Constituante. »

Je prends mon élan.

« Parfait, dit-il. Dix-huit sur vingt. Vous pouvez sortir. »

Je l'ai regardé à ce moment-là et je me souviens encore aujourd'hui du visage qu'il avait, celui d'un vieux monsieur que personne n'avait jamais sans doute pris la peine de comprendre et qui avait incarné la vacherie pour des générations d'écoliers peut-être parce qu'il pensait que c'était là le meilleur moyen pour qu'ils fassent leurs devoirs et apprennent leurs leçons. Mais, en cette seconde, j'étais peut-être le seul enfant à avoir vu le vrai visage de Fouloche, et cette école que je quittais pour toujours, au moment où je poussais la porte avec en poche ce fameux certificat d'études, elle avait pour effigie ce vieux méchant monsieur si bon.

A la maison, ils me tombent dessus tous les deux avec ensemble :

« Alors ?

— Je l'ai. »

Henri s'assoit sur un fauteuil tournant et pose sa tondeuse tendrement près du lavabo.

Maman ne dit rien. L'odeur du gâteau qui cuisait dans le four recouvre toutes celles des lotions et eaux de Cologne mêlées.

« Et si je n'avais pas réussi, dis-je, qu'est-ce que tu en aurais fait, de ton gâteau ?

— On l'aurait mangé quand même, pour te consoler. »

Henri sourit gentiment. C'est lui le vainqueur, au fond. On peut dire qu'il m'aura bien cassé les pieds pour que je l'attrape, ce diplôme.

« On déguste le gâteau chaud ? J'ai pas la patience de le laisser refroidir... »

Il tripote sa petite cuillère et me demande presque timidement :

« Et maintenant, Jo, qu'est-ce que tu vas faire ? »

Je l'aime bien, mon frangin râleur. C'est dur à dire quand on a voulu être Al Capone, Joe Louis, Zorro et Rockefeller en même temps, mais c'est peut-être lui qui a raison.

« Je ne sais pas trop, je pourrais peut-être te filer un coup de main au salon. »

Maman s'assoit. Elle a vieilli. Je ne suis pas souvent à la maison depuis quelque temps, je viens manger, j'y dors, mais je n'y suis pas vraiment. On n'ose rien me dire puisque pendant quatre ans je me suis débrouillé comme un homme. Et aujourd'hui elle est presque vieille, maman, et je n'aurais jamais cru que cela puisse me faire tant de peine.

Je hoche la tête avec plus d'énergie.

« Oui, c'est ça, je vais travailler au salon. »

La main de mon frère s'appuie soudain sur mon épaule.

« Ça ne te débectera pas ? »

C'est une phrase que j'ai dû dire autrefois, il y a quelques millions d'années.

Je sens que mes oreilles me piquent. Ça recommence, une belle rougeur.

« Tu te souviens encore de ça ? »

Henri sourit.

« Ça a été dur à avaler… »

Je le comprends. Il a toujours fait ce métier, lui, et c'est avec ce travail qu'il m'a fait vivre. Je ne sais pas comment lui demander pardon, effacer la peine que j'ai dû lui causer… Je cherche quelque chose…

Maman a coupé les parts, de travers, comme d'habitude…

Je passe mon assiette à Henri.

« Tiens, prends, c'est le plus gros. »

Ce n'est pas grand-chose, je le sais, mais il a dû comprendre, car son visage change, se fait plus doux… Il se secoue.

« Au fait, tes quatre jours avec tes copains, tu ne nous as rien raconté… Ça s'est passé comment ? C'était une drôle de manière que tu avais choisie pour réviser… Je m'en suis fait du souci… Et maman aussi !… »

J'en ai les larmes aux yeux…

C'est vrai, ça m'a semblé trop difficile, aucun mot tout à coup ne m'a paru capable de rendre toutes ces journées ; Sterling, Béro, les gitans, la guitare de Saranne, les danses, les feux de camp, les boîtes à chaussures, tout ce qui s'était succédé, Jeannot que je ne verrai plus, Franck, le temps d'avant…

Maman répète à son tour :

« Alors, qu'est-ce que vous avez fait ? Qu'est-ce qu'il s'est passé ? »

Henri et moi échangeons un regard, il a compris.

« Rien, dis-je… Rien… »

En ce moment, dans les bars du quartier, les

petits joueurs en bois tourbillonnent, les balles rentrent dans les buts. Je n'éprouve plus tellement de plaisir à jouer... J'ai peut-être vieilli. C'est l'heure du grand film au Gaumont-Palace. Eh bien, je ne serai pas Gary Cooper...

« Fameux, ton gâteau, maman. »

Elle me sourit, heureuse.

Allons, il est fini, le temps du baby-foot.

IMPRIMÉ EN FRANCE PAR BRODARD ET TAUPIN
Usine de La Flèche, 72200.
Dépôt légal Imp : 6400L-5 – Édit : 89.
32-10-1323-02-8 – ISBN : 2-01-321323-9.
Loi n° 49-956 du 16 juillet 1949 sur les publications destinées à la jeunesse.
Dépôt : juillet 1995.

P
--
537